상담이론으로
지도하는 진로교육

상담이론으로

지도하는 진로교육

김 경 미 지음

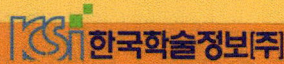
한국학술정보㈜

들어가면서

출처: 코키 폴 그림/ 밸러리 토머스 글/ 김중철 옮김 출판사: 비룡소

명문대학 졸업장이 인격의 상징이며 출세를 위한 보증수표의 대명사처럼 되어 버린 요즘, 우리 가정과 학교는 우리의 청소년들에게 수없이 많은 꿈과 열정을 포기하게 함과 동시에 입시전쟁 속으로 내몰고 있다. 학창시절 내내 삶의 목표는 오로지 좋은 대학에 진학하는 것이며 그 후로 권력과 명예와 돈을 가져다주는 좋은 직업으로 들어서기 위한 치열한 삶을 강요당하고 있는 것이다. 그 속에서 자신의 인생에 있어서의 진로선택에서 나침반 역할을 해 주어야 하는 자신의 흥미, 적성, 가치관 등을 찾지 못한 채 자신이 누구이며 어디로 가고 있는지에 대한 근원적인 고민과 답도 없이 결국 자아정체성 혼미상태에 빠지게 되는 청소년들이 많은 것이 현실임을 부인할 수 없을 것이다. 21세기에 청소년들이 지식과 정보사회의 생산적인 성원으로서 삶의 질을 누리며 행복하게 살아갈 수 있도록 각자의 소질과 적성을 발굴해 주고 자아정체성을 확립하며 자아효능감을 가질 수 있도록 체계적인 진로교육과 상담을 제공해 주어야 하는 것이 교사들, 특히 여러 분야의 상담과 진로상담에 상당한 전문성을 가진 우리 많은 전문상담교사들과 진로를 담당하고 있는 교사들의 역할일 것이다.

『마녀 위니』라는 동화책이 있다. 새까만 별장에서 새까만 고양이 월버와 함께 살고 있는 마녀 위니는 잘 보이지 않는 월버 때문에 매번 월버를 깔고 앉거나 월버 때문에 넘어지기 십상이었다. 위니는 방법을 생각한 끝에 월버를 초록색으로 변신시켰고 성공적인 것 같았으나 숲속에 있는 윌버를 찾을 길이 없어 다시금 윌버를 여러 색이 조합된, 조금은 우스꽝스러운 색으로 변신을 시켰다. 그 후 집에서나 밖에서나 윌버는 눈에 잘 띄었다. 그러나 모든 새들의 놀림을 당하면서 자신의 모습에 부끄러움을 느낀 윌버는 나무 꼭대기에서 내려오질 않았다. 윌버에 대한 사랑이 있는 위니는 고민 끝에 결국 다시 윌버를 원래의 색으로 되돌려주고 별장을 화려하게 변신시킴으로써 그동안의 모든 걱정과 문제를 해결하였다는 이야기이다.

지금까지 우리 가정과 학교가 윌버의 존재성을 무시한 채 환경에 따라 이리저리 윌버를 변화시키며 변화되기만을 강요하는 마녀 위니의 모습을 하고 있는 것은 아닌지, 우리의 자녀와 청소년들을 우리가 원하는 틀에다 맞추려 하고 있는 것은 아닌지 생각해 볼 필요가 있는 것 같아 『마녀 위니』라는 동화를 인용해 보았다. 이제는 사회와 학교, 가정이 요구하는 일방적인 진로선택을 요구할 것이 아니라 청소년들 각자의 적성과 흥미, 성격을 고려하여 그들의 특성을 발굴해 적재적소에 배치시켜 주어야 할 것이다. 진로교육과 진로상담이 강조되고 있는 현시점에서 자신을 이해할 수 있는 다양한 프로그램과 개인의 내적 특성을 측정할 수 있는 객관적인 검사도구의 적절한 사용을 통한 진로자료의 개발이 아직 체계적인 진로교육이나 상담이 진행되지 못하고 있는 학교 현장에 조금이나마 도움이 되었으면 하는 열망으로 이 자료집을 만들게 되었다. 부족함이 느껴지는 내용이라 자료집을 내기까지 많은 망설임이 있었지만 조금이나마 학교 현장에 이 진로 프로그램이 도움이 되기를 바라는 작은 소망과 열망에서 용기를 얻는다.

즐거운 진로 여행 일정표

제1장 진로관련 이론 여행

◎ Zunker의 분류에 근거한 각 진로발달 이론 정리

구분	이론가	주요 개념	연령 구분	생활지도에 응용	연구지원방안
특성 이론	E.G Willamson Frank Parsons Hull Kitson	특성의 평가 일의 요소와 특성을 연계시킨다.	고등학교 및 성인	의사결정을 위한 선택	타당성의 여러 가지 결과
발달 이론	Donald E. Super Eil Ginzberg Tiedman and O'Hara	발달단계, 진로유형, 직업적 자아개념, 직업성숙도	일생을 통하여 이루어진다.	여러 연령층에 알맞게 상담 및 프로그램 계획	단계별 계열성과 같은 주요 개념을 기초로한 실질적 지원
욕구 이론	Anne Roe John L. Holland Robert Hoppock	욕구는 경험과 속성에서 발생된다. 선택은 욕구에 기초한다.	전 생애를 통해 일어난다. 그러나 강조점은 아동기에 일찍 선택하는데 초점을 둔다.	생활지도에 있어서 욕구개념을 광범위하게 응용한다.	이론가에 따라 변화된다. Ree는 일부 지원하고는 일반적으로 타당하다고 한다.
정신 분석 이론	Edward S. Bordin Nachmann Segal Galinsky Freud	욕구는 인생발달의 정신분석학적 이론에 기초하고 있다.	유아기에 있어서 인성발달을 강조하지만 평생을 통하여 욕구는 생존한다.	주로 욕구탐색을 포함하는 상담에 사용된다.	어떤 연구는 개념에 대한 지원을 하고 있다.
사회 학적 이론	Blau Custad Ressar and Wilcock Miller and Form	직업발달의 선택에 있어서 사회적인 영향을 강조. 직업기회가 중요한 역할을 한다.	평생을 통한 활동	광범위하게 응용되고 있다.	여러 가지 측면에서 지지를 받음. 예를 들면 선택기회의 효과 등
의사 결정 이론	H. B. Gelatt Hershenson and Roth Knefelkamp and Slepitza	의사결정은 누가 기록적인 효과를 가지고 있다. 의사결정은 분류하는 과정이다.	일생을 통하여 전개되지만 처음 다가오는 2, 30대를 주로 강조한다.	광범위하게 응용되고 있다.	소수가 지원을 한다.
사회 학습 이론	Mitchell, Jones and J. D. Krumboltz Thoreson and Ewart	학습유형을 이용 경험의 효과, 기술을 습득	일생을 통하여 이루어지며, 처음 다가오는 2, 30대를 주로 강조한다.	광범위하게 응용되고 있다.	소수만이 지원을 한다.

특성요인 이론

1. 특성요인 이론은 생의 어느 특정한 시기에 의사결정을 하려고 할 때 도움을 줄 수 있는 이론으로서 대표적인 이론가로는 Parsons, Williamson, Hull 등이 있다.
이 이론은 개별적이고 과학적인 방법으로 개인과 직업을 연결시키는 것, 즉 과학적인 측정방법을 통해 개인의 인성특성을 식별하여 직업특성에 연결시키는 것을 핵심으로 하고 있다.

2. Williamson이 제시한 분석전략의 여섯 가지 분석단계

분석	개인에 관한 자료수집과 표준화 검사나 심리검사를 통해 개인에 관한 분석자료를 수집한다.
종합	개인의 장단점, 욕구, 문제 등을 종합적으로 분류하기 위해 1단계에서 수집한 정보들을 조정한다.
진단	문제의 특성과 원인을 객관적으로 파악한다.
예측	선택 가능한 직업에 대한 성공 여부를 예측한다.
상담	앞의 4단계를 통해 얻어진 자료를 중심으로 하여 상담자는 문제해결을 조력한다.
추수지도	의사결정 과정의 적합성에 대한 검토와 사후점검, 재배치 등의 활동을 한다.

3. 공헌점
특성요인 이론은 직업선택에서 적성을 고려하도록 하였다는 것이 큰 공헌점이다.

4. 이 이론은 그 후 다양한 연구들이 수행될 수 있도록 자극을 주게 되는데 적성검사연구가 그 대표적인 것으로 Strong의 직업흥미 검사, Kuder의 직업선호 검사 등이 여기에 속한다.

 발달 이론

발달 이론에서는 진로발달을 생애의 전 과정에 걸쳐 발생하는 것으로 가정하고 있다. 따라서 진로지도 프로그램은 생애의 전 단계를 걸쳐 사람들의 요구를 만족시킬 수 있도록 설계되어야 한다는 점을 강조하고 있으며 대표적인 학자로는 Ginzberg, Super, Tiedeman과 O'Hara, Tuckman 등을 들 수 있다.

1. Ginzberg의 진로발달 이론
1) 그와 동료들은 직업선택이란 6년에서 10년에 걸쳐 발생하는 과정으로 대략 11살에 시작되어 17살이나 초기 성인기에 끝나는 것으로 결론지었다. 이 기간은 환상적 단계, 시험적 선택단계 그리고 현실적 단계의 3단계로 구분할 수 있다.
2) 장점
   Ginzberg의 이론은 진로지도에 필요한 개인의 직업적 성숙도와 규준을 제공함으로써 직업선택 과정에서 각각 단계별 문제발견과 지도에 도움을 줄 수 있다.
3) Ginzberg의 발달 시기

시 기	연 령	특 성
환상기	아동기 (11세 이전)	초기단계에서 놀이중심 이 단계 후반에서 놀이가 일 지향이 됨
잠정기	청소년 초기 (11~17세)	작업요구수준, 즉 관심, 능력, 작업보상, 가치관 그리고 시간전망에 대한 점진적 인식으로 특징되는 과도기적 과정
현실기	청소년 중기 (17세~성인 초기)	능력과 관심의 통합, 가치관의 발달, 직업선택의 명료화, 직업 유형의 정형화

4) 그의 이론의 핵심은 인간의 신체와 정신이 발달하는 것처럼 직업에 대한 지식, 태도, 기능도 어려서부터 발달하기 시작하여 일련의 단계를 거치면서 발달한다는 것이다.
   다시 말해서 직업선택이란 삶의 어느 한 시기에 이루어지는 일회적인 사건이 아니라 장기간에 걸쳐 발달하는 일련의 의사결정이라는 것이다.

2. Super의 진로발달 이론
1) 직업행동에 대한 Super의 접근에 가장 중요한 부분은 자아개념이론이다. 그에 의하면 인간은 자아 이미지와 일치하는 직업, 즉 '나는 이런 사람이다.' 하고 생각하던 바를 살릴 수 있는 직업을 선택한다는 것이다.

2) Super의 자아개념은 유아기에서 사망에 이르기까지 지속적으로 발달, 보완되며 직업발달에 있어서 가장 본질적인 역할을 한다.
3) 직업발달의 단계와 과업

성장기(grouth stage, 0~14세)

출생에서 14세까지의 시기로서 이 시기에 아동은 가정과 학교에서 중요한 타인에 대해 동일시를 함으로써 자아개념을 발달시킨다.
- 환상기(4~10세) – 욕구가 지배적이며 환상적 역할수행이 중시
- 흥미기(11~12세) – 진로선택에 아동의 흥미가 중시
- 능력기(13~14세) – 진로선택에 있어서 능력을 고려

탐색기(exploration stage, 15~24세)

15세에서 24세까지의 시기로서 이 시기에 개인은 학교활동, 여가활동, 시간제 일과 같은 활동을 통해 자아를 검증하고 역할을 수행하며 직업탐색을 시도한다.
- 잠정기(15~17세) – 진로선택에 욕구, 흥미, 능력, 가치 등을 고려하기 시작
- 전환기(18~21세) – 자아개념을 확립하고 현실적인 요인 중시
- 시행기(22~24세) – 자신에게 적합한 직업을 선택하여 종사

확립기(establishment stage, 25~44세)

25세에서 44세까지의 시기로서 이 시기에 개인은 자신에게 적합한 분야를 발견해서 종사하고 생활의 터전을 잡으려고 노력한다.
- 수정기(25~30세) – 선택한 일이 자신에게 맞지 않을 경우 한두 차례 변화 시도
- 안정기(31~44세) – 개인이 직업세계에서 안정과 만족감, 소속감을 느끼는 시기

유지기(maintence stage, 45~65세)

45세부터 66세까지의 시기로 이 시기에 개인은 안정된 속에서 비교적 만족스런 삶을 살아간다.

쇠퇴기(decline stage, 65세 이후)

65세 이후의 시기로 이 시기에 개인은 정신적, 육체적으로 그 기능이 쇠퇴함에 따라 직업전선에서 은퇴하게 되므로 다른 새로운 역할과 활동을 찾게 된다.

4) Super의 이론은 지나치게 자아개념 지향적이며 지적인 면을 강조하고 직업발달 측면만을 강조한다는 비판을 받고 있으나 개인의 직업발달의 과정을 자아실현과 생애발달의 과정으로 본 점과 자아개념의 직업 자아개념으로의 전환, 진로유형, 진로성숙, 진로발달 단계에 초점을 맞추면서 진로발달 과정을 체계적으로 기술하고 있다는 점에서 진로발달 이론 중에서 가장 역동적이고 포괄적인 이론이라고 할 수 있다.

3. Tiedeman과 O'Hara의 진로발달 이론(의사결정 이론)

1) Tiedeman과 O'Hara는 진로발달을 직업정체감을 형성해 가는 과정으로 보았다. 새로운 경험을 쌓을수록 개인의 정체감은 발달된다. 분화와 통합의 과정을 거치면서 개인은 자아정체감을 형성해 가며, 이러한 자아정체감은 직업정체감의 형성에 중요한 기초요인이 된다.

2) 진로결정의 과정

예상기 혹은 전직업기	특 징	실천기 혹은 적응기	특 징
탐색기	* 사고가 일시적이며 순간적임 * 실천 가능한 진로탐색 및 재검토 * 상상으로 다양한 활동을 경험 * 장래의 대안적 진로행동 * 포부, 능력, 흥미, 직업선택의 사회적 의미 숙고	순응기	* 진로구체화를 위한 사회적 상호 작용 * 직업사회체계 내에서의 자기 명료화와 자아보호 * 수용과 집단으로의 융합(조정) * 사회적 목적의 전체 진로구조 내에서 개인적인 목표를 구체화함
구체화기	* 대안에 대한 지속적 평가 * 대안을 줄임 * 잠정적 선택 * 잠정적 선택의 재평가 * 목표 제한적, 구체화, 변경 가능 * 생각을 명확히 굳힘	개혁기	* 직장에서 직원으로 수용·인정함 * 직장 내·외적으로 주장적 행동 * 주장적 행동으로 다른 사람을 설득, 자기 의견을 따르게 함
선택기	* 명확한 목표 결정 * 목표 달성에 필요한 특정 행동	통합기	* 직업집단과 상호 작용을 통해서 목표 타협 * 자아와 직장에 대한 객관성 확보 * 전체적인 진로 분야에서 구성원으로서의 정체감 획득 * 일시적으로나마 수행한 결과나 행동에 대하여 만족
명료화기	* 선택한 위치에서의 자신에 대한 명료화 기간 * 지위예상 진로결정 불안 약화 * 진로결정에 강한 확신 * 예상단계나 전 직업기가 끝남		

 욕구 이론

욕구 이론은 직업선택이 개인의 욕구와 관련이 있는 것으로 보는 이론으로서 Roe, Holland, Hoppock 등이 대표적 학자이다.

1. Roe의 욕구 이론

1) Roe는 개인의 욕구가 직업선택에 큰 영향을 미친다고 보았다.

2) 가정의 정서적 분위기, 즉 부모와 자녀 간의 상호 작용은 모두 세 가지 유형으로 나눌 수 있으며 그것들 각각에 따라 자녀의 욕구충족도가 달라진다고 보았다.

회피형	
거부형	자녀에 대해 냉담하여 자녀가 선호하는 것이나 의견을 무시한다.
방임형	자녀와 별로 접촉하려고 하지 않으며 부모의 책임을 회피하려고 한다.
정서집중형	
과보호형	자녀를 지나치게 보호함으로써 자녀에게 의존심을 키운다.
요구과잉형	자녀가 남보다 뛰어나기를 바라고 공부를 잘하기를 바라므로 엄격하게 훈련시키고 무리한 요구를 한다.
수용형	
무관심형	자녀를 수용적으로 대하지만 자녀의 욕구나 필요에 대해 그리 민감하지 않고 또 자녀에게 어떤 것을 잘하도록 강요하지 않는다.
애정형	온정적이고 관심을 기울이며 요구에 응하고 독립심을 길러주며 벌을 주기보다는 이성과 애정으로 대한다.

2. Holland의 인성이론

1) 기본가정
- 인간의 행동은 성격과 환경의 상호 작용으로 발생
- 인간의 직업선택은 인성의 표출이다.
- 직업적 환경도 6개 유형 중에서 범주화될 수 있다.
2) Holland는 개인의 행동양식이나 인성유형이 직업선택과 발달에 중요한 영향을 미친다고 보았다. 그는 직업선택을 개인의 타고난 유전적 소질과 문화적 요인 간의 상호 작용의 소산이라고 보고 있다.
3) Holland의 이론을 요약하면 개인의 행동은 인성과 환경 간의 상호 작용의 함수이며 개인의 직업선택 행동은 그의 인성의 표출이라는 것이다.
4) 이러한 직업선호와 자신의 견해를 합치시키는 것을 Holland는 직업적 성격유형이라고 하였다.
5) 한계
- 성적 편파성
- 어떻게 그런 유형이 나왔는지 설명하지 못한다.
6) 주요 개념
☀일관성 — 거리가 가까울수록 환경유형과 성격유형에 공통점을 많이 가지고 있다는 것으로 예술적·사회적 유형이 탐구적·설득적 유형보다 더 공통점이 많아 일관성이 있다고 할 수 있다.
☀차별성 — 유사성이 나타나는 정도로서 사람에 따라 유사성이 나타나는 정도는 다르다. 여러 유형에 똑같은 유사성을 나타내면 특징이 없거나 잘 규

정되지 않았다고 본다.

🌼정체성 – 개인이 현재와 미래 목표에 대해 가지는 명확성과 안정성의 정도다.

🌼일치성 – 성격이 환경과 유사할수록 둘 간의 관계가 일치한다는 것이다. 즉 사무적인 사람이 예술적인 환경에서 일할 경우 일치성이 없다고 할 수 있다.

🌼계측성 – 육각형 모델에서 유형들 간의 거리가 멀수록 직업적응도와 성공도가 낮음을 나타낸다.

7) Holland의 6각형 모형

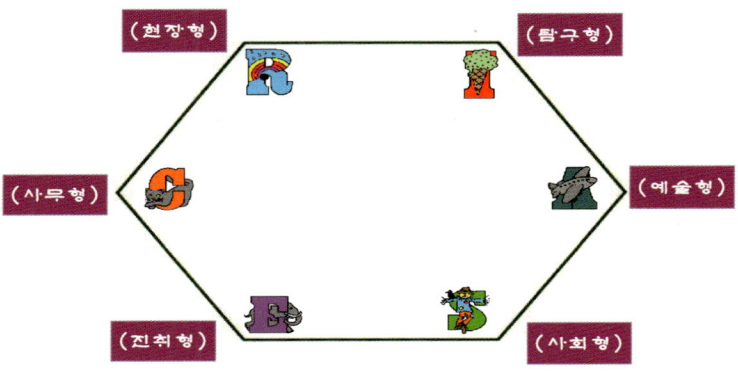

R: 현실형	I: 탐구형	A: 예술형	S: 사회형	E: 기업형	C: 관습형
남성적, 솔직하고 성실하며 검소하고, 지구력이 있고, 건강하며, 소박하고, 말이 적으며, 냉정한, 구체적인, 실리적인, 비사교적인, 순응적인, 거친, 실제적인, 고집이 있고, 직선적이며, 단순하다.	탐구심이 많고, 논리적·분석적·합리적이며, 정확하고, 지적 호기심이 많으며, 지적인, 화구적인, 나서지 않는, 소극적인, 인기가 없는, 비판적, 내성적이고, 수줍음을 잘 타며, 신중하다.	상상력이 풍부하고, 감수성이 강하며, 자유분방하고, 개방적인, 직관적인, 까다로운, 복잡한, 순응하지 않는, 즉흥적인, 감정이 풍부하고, 독창적이고, 개성이 강하고, 협동적이지 않다.	사람들이 좋아하며, 어울리기 좋아하고, 친절하고, 이해심이 많으며, 우호적인, 사회성 있는, 외향적인, 관대한, 따뜻한, 재치 있는, 협동적인, 남을 잘 도와주고 봉사적이며, 외향적이고, 낙관적이고, 열성적이다.	지배적이고, 통솔력·지도력이 있으며, 말을 잘하고, 설득적이고, 쟁취적이며, 모험심이 있는, 과시적인, 쾌락추구의, 활기찬, 자신감 있는, 야심적이며, 외향적이고, 낙관적이고, 열성적이다.	정확하고, 빈틈이 없고, 조심성이 있으며, 계획성이 있으며, 보수적인, 관습적인, 절제된, 순응적인, 방어적인, 실천적인, 사무적인, 능률적인, 검소한, 질서정연한, 상상력이 없는, 방법적인 완고하고 책임감이 강하다.

R: 현실형	I: 탐구형	A: 예술형	S: 사회형	E: 기업형	C: 관습형
직업	기술자, 정비소 엔지니어, 직업 군인, 경찰관, 운동선수, 농업교사, 목축업자, 건축업자, 방사선 기술자, 운동코치, 원예사, 항공 기정비사, 통신 기술자	화학자, 수학자 물리학자, 치과의 사, 통계학자, 약 제사, 심리학자, 과학교사, 대학교 수, 천문학자, 지질학자, 수의사, 내 과의사, 사회과학 계열종사자	음악가, 체육인, 배우, 국어교사, 신문기자, 만화 가, 사진사, 일러 스트레이트, 삽 화가, 상업미술 가, 순수미술가, 성악가, 시인, 실 내장식가	교육자, 상담교사, 간호사, 레크리에 이션 강사, 보육 교사, 성직자, 심 리치료사, 초등학 교교사, 청소년지 도사, 학원강사, 특수교육교사, 의 료보조원	정치인, 군인, 영 업사원, 부동산중 개인, 아나운서, 변 호사, 식당매니저, 마케팅책임자, 매장관리자, 여행 사직원, 인사부책 임자, 생명보험업 자	은행원, 세무사 법무사, 공인회계 사, 급식관리자, 상업교사, 편집자, 원고교정사, 신용 관리자, 의료기록 원, 원무과직원, 컴퓨터오퍼레이 터, 재무분석가

정신분석 이론

1. 정신분석 이론에서는 생리적 욕구를 지닌 인간의 욕구와 충동을 사회적으로 용납될 수 있는 일이라는 형태로 승화시키는 것에 관심을 갖고 있다.
2. 정신분석이론은 심리적인 관점에서 볼 때는 포괄적이고 통합적이지만 직업선택 시에 개인의 능력이나 적성 등을 고려하지 않고 타당한 실증적 자료들을 얻기 어렵다는 단점을 가지고 있다. 또한 일을 욕구충족의 시각에서만 보고 기타 경제·문화·사회적 요인들은 고려하지 않고 있다는 평가를 받고 있다.

사회학적 이론

1. 사회학적 이론은 인간행동을 설명하는 데 있어서 사회적 요인을 중시한다.
   이 이론의 대표적인 학자로는 Blau, Hollingshead, Miller, Form 등이 있다.
❶ 준비단계
   일에 대한 방향이 서는 단계
❷ 시작단계
   시간제 일의 경험과 형식교육을 포함하는 단계
❸ 시행단계
   취업을 하고 만족스런 직업을 찾을 때까지 몇 차례 변화를 시도하는 단계
❹ 안정단계
   직업세계와 지역사회에서 안정을 확립하는 단계

❺ 은퇴단계

일에서 물러나 다른 활동을 추구하는 단계

의사결정 이론

이 이론은 개인은 의사결정의 문제에서 자신의 이익을 극대화하고 손실을 극소화하는 방향으로 행동하는 Keynes의 이론에 바탕을 두고 있다. 개인은 여러 가지 선택 가능한 직업 중에서 자신의 투자가 최대로 보장을 받을 수 있는 직업을 선택한다는 것이 이 이론의 요지이다.

1. Hershenson과 Roth의 이론

Hershenson과 Roth는 의사결정의 단계를 중시하면서 개인이 에너지를 사용하는 양상에 따라 인식, 통제, 지향, 목표지향, 투자의 5단계를 거치면서 개인은 직업 발달을 해 간다고 보았다.

2. 인지발달모형

의사결정 이론과 발달 이론을 포괄하는 이론이다. 대학생의 진로발달에 초점을 두고 있는 이 모형은 단순한 진로계획과 의사결정에 관한 견해로부터 개인특성, 사회변인, 진로선택 과정 등과 같은 보다 복잡하고 통합적인 지각에 이르기까지의 인지발달을 다루고 있다.

사회학습 이론

- 사회학습 이론에 기초를 둔 행동주의 상담방법을 통해 학생들에게 진로선택을 하도록 조력해야 한다고 주장한다.

- Krumboltz 등은 개인의 진로결정에 영향을 미치는 요인으로서 유전적 요인, 특수능력, 환경조건과 사건, 학습경험, 과제접근기술 등을 들고 있다.

1. 목적
🌼 부적응 행동의 변화
🌼 문제행동 예방
🌼 의사결정 과정의 학습

2. 준거
🌼 상담의 목적은 내담자에 따라 진술되어야 한다.

🌼 내담자에 의해 진술된 상담목적은 관찰될 수 있는 것이어야 한다.

 # 최근의 진로발달 이론

1. 인지적 정보처리접근(CPI)

정보처리의 단계들은 단기기억에서 입력을 선별하고, 전사해서 부호화한 다음 이것을 장기기억 속에 저장하고 나중에 작업기억 속에서 입력정보를 활용하며 재생하고 변형시켜서 문제해결에 도달한다.

2. 사회인지적 진로발달

Bandura가 제시한 사회인지 이론은 인지적 과정과 자기규제, 그리고 동기과정을 생애의 현상에 혼합한 이론이다. Bandura는 3개의 변인, 즉 ✪개인과 신체적 속성, ✪외부환경 요인, ✪외형적 행동이 서로 영향을 주면서 상호 작용하며 개인과 행동, 환경이 진로행동에 영향을 준다고 설명하고 있다.

3. 가치중심적 진로접근

Brown은 가치를 행동역할을 합리화하는 데 강력한 결정요인으로 본다. 가치란 세습된 특성과 경험의 상호 작용을 통해 개발된다.
Brown은 아동들이 부모, 형제자매, 또래, 그리고 많은 어른들로부터 받은 '가치를 담은 신호'에 수없이 노출된다는 것을 관찰함으로써 자신의 가정을 지지하는데, 그는 아동이 가치를 담은 신호에 동화됨에 따라 가치가 '단편적으로' 발전되며, 나중에 개인의 인지적·정의적 행동패턴을 형성하는 핵심을 이루게 된다고 보았다.

4. 맥락적 관점

맥락주의는 구성주의라고 하는 철학적 입장을 토대로 한 것이다. 맥락적 관점의 대상은 개인과 환경의 상호 작용이다.

5. 자기 효능감 이론

Bandura에 의하면 높은 자기 효능감을 가진 사람은 성공적인 행위를 이룬다고 하며 반면에 낮은 효능감은 실패하거나 지연·회피하는 경향이 있다는 이론을 제시하고 있다.

제2장 진로교육 및 상담 여행

진로교육의 이론적 기초

1. 진로교육의 성립 배경

(1) 사회적·경제적인 배경

산업화·공업화로 인한 기술·기능 인력의 필요와 교육의 기회 증대, 산업기술의 발달 및 전반적인 직업교육의 발전 등을 들 수 있다.

(2) 사상사적인 배경

19세기에 급격한 고도성장으로 인해 정치가의 부패, 정경유착, 도덕의 퇴폐, 부의 편중, 대도시의 슬럼화, 청소년의 비행 등이 야기되었으며, 곳곳에서 노동자의 유혈시위가 일어났다. 20세기 초엽부터는 개혁운동이 일어나 루즈벨트 대통령을 중심으로 사회개혁사상이 대두하게 되었다. 당시 사상의 기저는 과학성이나 합리성 또는 능률성이나 기계성을 중시하는 것이었는데 직업지도운동도 그런 사상의 하나였다.

(3) 학문적 배경

19세기 후반부터 심리학자들에 의해 시작된 정신측정운동은 직업지도의 발전에 영향을 주었다.

2. 진로교육의 필요성

* 장기적으로 공부를 잘하려면 자신의 멋진 미래를 생각하며 즐겁게 공부할 수 있는 장래희망을 가져야 한다.

* 우리나라에는 약 1만 개의 직업이 있고 그중에서 학생들의 기본소양 함양과 학습능력 증진을 위해 청소년기에 목표로 삼을 만한 직업은 어림잡아 200~300정도가 된다.

* 그 직업들에 대한 올바른 정보를 제공해 줘야 학생들은 저마다 자신의 목표를 정하게 되고 장래 희망을 현실로 만들기 위해 열심히 공부에 매진할 수 있게 된다.

* 사회적으로 성공한 사람과 성공하지 못한 사람의 차이
  - 자신의 '미래에 대한 꿈이 있느냐? 없느냐?'의 문제
  - 청소년들의 목표는 생활태도와 청소년들의 성적에도 지대한 영향을 미침

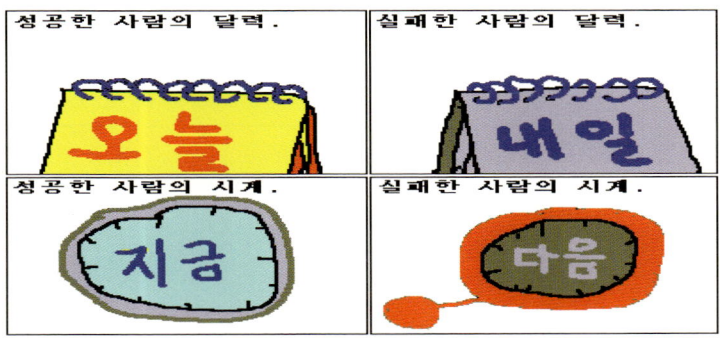

만일 우리가 오늘을 돌보면 신은 내일을 돌볼 것이다.

3. 진로교육의 개념

현대에 와서 진로란 직업을 포함하여 개인이 일생 동안 하는 일 전체를 포괄하는 개념으로 인식하게 되었다.

진로교육이란 청소년들이 자신의 적성, 흥미, 능력에 따라 적합한 진로를 찾고, 그에 따라 필요한 지식과 기능, 태도를 배워서 적응과 발달을 꾀하도록 돕는 종합적인 교육활동이라 볼 수 있다.

(1) 진로교육의 다양한 정의

① Bailey와 Stadt

개인이 만족스럽고 생산적인 삶을 누릴 수 있도록 진로에 대한 방향을 세우고 선택하며 그에 대한 준비를 하고 선택한 진로에 들어가 계속적인 발달을 꾀할 수 있도록 돕기 위해 제공되는 일체의 경험

② Hoyt

일 지향적인 사회가치에 친숙게 하여 이 가치들을 자신의 인성적인 가치체계 속으로 통합하여 일을 통해 보람과 만족을 느끼는 삶을 살도록 조력하는 공교육

🔹 진로교육이란 사람들이 자신의 적성, 흥미, 성격 및 가치 등에 따라 적합한 진로를 찾고 그에 필요한 지식과 기능, 태도를 배워서 적응과 발달을 꾀하도록 돕는 종합적인 교육활동

4. 진로교육의 목표

🔹 학생 개개인의 적성·흥미·인성·능력을 정확히 이해한다.

🔹 현대 산업사회의 정치·경제·사회적 측면에서 요구되는 복잡다양한 직업의 세계를 이해시키고 순응하도록 한다.

5. 진로교육의 단계

초등학교 ➡ 진로인식단계, 중학교 ➡ 진로탐색단계, 고등학교 ➡ 진로준비단계, 대학교 ➡ 진로전문화단계

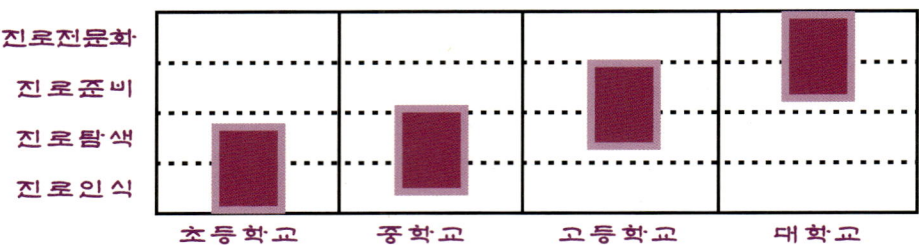

(1)발달단계에 따른 내용

1. 진로인식단계

- 자아에 대한 인식
- 직업역할에 대한 인식

2. 진로탐색단계

- 자아개념의 명백화

3. 진로준비단계

- 자아개념의 구체화
- 일에 대한 가치관 획득
- 진로목표에 맞는 계획 수립

6. 초·중·고에서의 진로교육 실천방안

(1) 초등학교에서의 진로교육 실천방안

- 초등학교의 진로교육은 교육과정 전반에 걸쳐 실시되어야 한다.
- 1년 중 적당한 시기를 잡아 진로교육주간을 설정한다.
- 현장교육을 통한 방법이 전개되어야 한다.
- 지역사회 자원인사를 동원, 학교에서 정규시간을 할애하여 직접 직업인들의 일의 실태를 들어보는 기회를 마련하여 간접학습경험을 확충한다.

(2) 중학교에서의 진로교육 실천방안

- 주요 직업 분야를 탐색하여 자신의 흥미와 능력 발휘
- 산업 및 직업의 분류와 각종 직업군 인식

● 자기의 의사결정에 관련된 자기이해
● 의미 있는 의사결정 연습

(3) 고등학교에서의 진로교육 실천방안
● 구체적인 진학 및 직업계획 수립지도
● '진로', '직업' 교과를 통한 지도 철저
● 직업기술의 습득수준과 고용수준에 도달할 수 있는 지식과 기술의 습득
● 직업에 대한 긍정적 가치관 수립지도

진로상담에 대한 이해

1. 진로상담의 목표
✺ 자아개념의 구체화
✺ 진로계획에 대한 책임감
✺ 협동적인 사회행동
✺ 자기 자신에 관한 올바른 이해
✺ 직업세계에 대한 이해 증진
✺ 합리적인 의사결정 능력의 증진
✺ 정보탐색 및 활용능력의 함양
✺ 일과 직업에 대한 올바른 가치관 및 태도 형성

2. 진로상담의 필요성
● 청소년 고민 1, 2순위가 성적과 진로문제
● 청소년기의 발달적 특징
● 노동시장환경의 급속한 변화
● 대학입시제도의 변화

3. 진로상담 원리
1) 인간의 역동성을 고려해야 한다.
2) 자아실현의 기회를 제공해 주어야 한다.
3) 내담자 문제의 배후 요인까지도 이해하여야 한다.
4) 개인차를 고려한다.
5) 자신의 잠재 가능성을 최대한 계발하기 위해 진로상담을 받을 권리가 있다.

4. 내담자 유형에 따른 진로상담 방법

진로 결정 학생	▶ 진로를 결정하게 된 과정 탐색
	▶ 충분한 정보 제공 여부의 확인
	▶ 합리적인 과정으로 명확하게 내린 결정인지 확인
	▶ 결정된 진로를 위한 준비
	▶ 내담자의 잠재 가능성 확인 및 계발 노력 일깨우기
진로 미결정 학생	▶ 진로에 대한 탐색
	▶ 구체적인 직업정보의 활용
	▶ 현재 자신의 능력에 대한 객관적인 파악
	▶ 자기탐색
	▶ 직업정보의 제공
	▶ 의사결정 과정의 연습
우유부단형	▶ 불확실감 감소
	▶ 조기 개발
	▶ 기본적 생활습관의 변화
	▶ 긍정적 자아개념의 확립
	▶ 자존감 회복
	▶ 열등감 수준 저하를 위한 노력

5. 상담 영역에 따른 진로상담 방법

자기이해 상담	▪ 자아개념
	▪ 성격과 흥미, 능력, 적성, 신체적 조건
	▪ 인간관계 등
진로계획 상담	▪ 장래의 희망
	▪ 장래의 희망에 필요한 조건과 능력
	▪ 자신의 여러 가지 특성을 고려한 잠정적인 계획과 구체적인 계획
진학상담	▪ 학생의 주관적, 객관적 환경요인 확인
	▪ 진학계열 선택 및 졸업 후 취업문제 고려 등 조언
직업세계 이해를 위한 상담	▪ 직업군에 속하는 여러 가지 직업과 직업내용
	▪ 직업군의 자격요건, 인성, 특성, 생활양식
	▪ 자신의 능력, 흥미, 적성과 직업군의 관계
	▪ 미래 사회에서의 직업과 삶
	▪ 건전한 직업관
취업상담	▪ 인간관계의 교육적 요건
	▪ 구인, 구직 상황 및 직장의 근무조건
	▪ 직업분석과 그 직업에서의 성공을 위한 태도

6. 성장발달에 따른 진로상담

1) 초등학교
— 일의 세계에 대한 부분적 경험을 쌓을 수 있도록 한다.
2) 중학교
— 좋아하는 직업세계를 탐색할 수 있도록 한다.
3) 고등학교
— 올바른 가치판단기준을 형성할 수 있도록 한다.

7. 진로상담자의 역할

◻ 내담자가 이미 잠정적으로 선택한 진로결정을 확고하게 해 주는 역할
◻ 직업목적을 명료하게 해 주는 역할
◻ 내담자가 자기 자신과 직업세계에 대해 지금까지 알지 못했던 사실을 발견하게
도와주는 역할

◻ 정체성을 알려주는 나침반(Clarifier) 역할

◻ 내담자와 일을 연결해 주는 다리(Connector) 역할

◻ 목표설정과 계획수립을 도와주는 협력자(Challenger) 역할

◻ 자신감을 갖도록 도와주는 지지자(Motivator) 역할

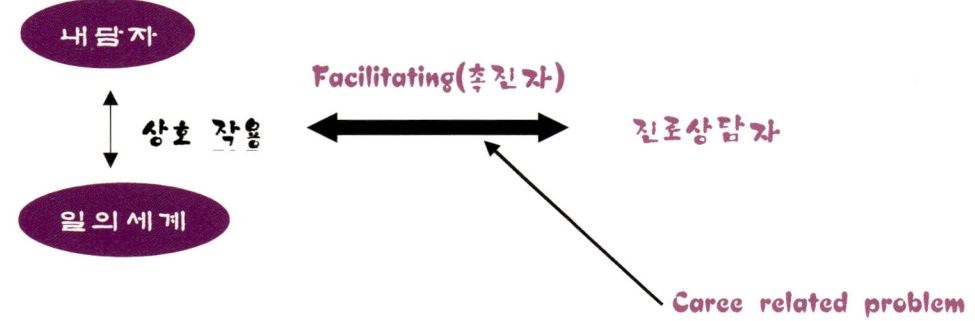

8. 일반적인 직업상담의 순서

1. 내담자와 신뢰관계 구축하기

2. 상담해야 할 문제 규정하기

3. 함께 상담목표 세워보기

4. 자기이해와 직업에 대한 이해 평가하기

5. 내담자와의 상담방법이나 검사도구 결정하기

6. 내담자 오리엔테이션을 통한 검사 실시와 검사에 대해 해석하기

7. 검사결과를 다른 정보와 통합해 보기

8. 직업탐색의 구체적 계획과 함께 실천계획 세우기

의사결정 과정의 방법과 절차

1. 의사결정의 유형

합리적 유형

자아와 상황에 대한 정보를 실제적이고 논리적으로 신중하게 평가하는 유형

안정적 유형

기존의 결정 틀에 맞추거나 유사하게 결정하는 반복적인 의사결정 과정

직관적 유형

즉흥적인 생각. 느낌과 감정적인 자기인식에 따른 의사결정의 유형이다.

의존적 유형

의사결정에 대한 책임감의 능력이나 적극성이 부족한 입장에서 주위 사람들에게 의존하는 유형

2. 합리적인 의사결정을 이루는 사람, 대상들의 특징

- 의사결정자는 뚜렷한 목표를 갖고 있다.
- 의사결정자는 목표 달성을 위한 여러 대안과 그 대안이 초래할 결과를 알고 있다.
- 의사결정자는 여러 대안을 비교하고 그중에서 어떤 것이 더 좋은가를 결정해

주는 순위배정을 위한 지침 또는 규칙이 있음을 믿고 있다.

🐝 의사결정자는 합리성에 큰 비중을 두며 목표 달성을 극대화하고자 한다.

3. 의사결정의 절차

1) 목표의 명백화
2) 대안의 탐색

   자기가 원하는 결과를 이룩하기 위한 방법을 찾는 것이다.
3) 기준의 확인

   개인의 목표를 달성하기 위하여 고려된 여러 가지 대안 중에서 어떤 것을 선택하고 결정하는 데 필요한 기준을 설정하는 것이다.
4) 대안의 평가와 결정
5) 계획의 수립

   자신이 결정한 바를 시행하기 위한 계획을 수립하고 이에 따른 실천을 하는 것이다.

진로상담 이론의 요약 비교

구분	모형					
	진단	과정	결과	면접기법	검사해법	직업정보의 이용
특성요인측면	내담자에게 무엇이 문제인가를 결정함으로써 이끌어 낸 각기 다른 치료방법	상담자가 내담자에 관한 자료수집과 해석을 폭넓게 포함한다. 내담자는 처치에 실질적인 결정이나 바람직한 조정이나 후속지도에 영향을 주는 상담자에게만 도움이 된다.	시급한 목표는 내담자의 현재문제를 해결하는 것이다. 장기적인 목표는 내담자가 자신의 가치 있는 자질과 경향을 더 잘 이해하고 관리하게 함으로써 장래의 문제를 해결할 수 있도록 하는 것이다.	더 많은 도움을 받기 위하여 친밀한 관계 형성, 자아이해의 증진, 계획의 수행, 내담자의 타인에의 위탁 등을 실용적이고 기술적으로 하는 방법을 포함한다.	검사결과에 대하여 권위 있는 해석을 내리고 내담자의 신중성을 기하기 위한 결론의 취할 점을 도출해 낼 수 있는 상담자를 포함한다.	상담자는 이 정보를 이미 내린 선택을 확실하게 하거나 똑같이 설득력 있는 의견 간의 망설임을 해결할 수 있도록 제공하거나 내담자가 부적절한 선택을 재조정하도록 도울 수 있다. 의사결정 과정에서 내담자가 적극적일 수 있도록 한다.
인간중심측면	로저스는 내담자에게 직업상의 문제가 있다기보다는 내담자와 상담자 간의 관계가 분열되어 있다고 본다.	Patterson은 과정을 로저스가 말한 심리치료에서의 개인적 조정의 최고단계를 포함하는 것으로 본다. 심리치료를 따르는 내담자의 조정 수준은 내담자가 자신이 누구인가와 자신이 필요한 것이 무엇인가를 알 때의 상담을 받지 않은 내담자의 수준과 비슷하다.	목적은 양립할 수 없는 직업상의 역할 속에서 내담자가 어떠한 위치에 있는가에 대하여 자아개념을 명확히 하고 잘 수행하도록 촉진하는 것이다.	상담자는 직업상의 역할에서 내담자의 경험과 자아개념을 이해하는 데 도움이 되도록 고안된 면접 동안 대응을 해 줄 것이다.	상담자는 검사가 우선 내담자의 계발과 필요를 위하여 사용되어야 한다고 제안한다. 내담자가 필요로 하고 요구하는 것만큼만 사용하라. 수퍼는 정밀도 검사라 이름 지었다.	내담자 측에 필요하다고 인식될 때 도입되었다. 상담자는 그런 정보가 필요와 가치와 목표현실의 맥락에서 이해되고 탐사되어야 할 개인적 의미를 내담자가 갖고 있다고 인식해야 한다.
정신역동측면	보딘은 진단이 치료법 선택의 토대를 이루어야 한다고 한다. 그리고 진단에서 사용된 심리적인 기관이 포함된 구성개념이 사용되어야 한다.	보딘은 과정의 3단계를 정의한다. ①탐색 및 협약확립단계 ②내담자가 추구하는 것 이외에 개인적인 적응의 어떤 측면을 결정할 것인가에 대한 비평적인 결정단계 ③자아에 대한 이해의 진전이 상담에서 초점이 되는 변화작업의 단계이다.	결과는 두 가지이다. ①생애에 대한 의사결정에서 내담자를 돕는다. ②넓은 의미로 내담자의 성격에 긍정적인 변화를 가져오도록 영향을 준다.	보딘은 사용 가능하고 해석 가능한 세 가지의 상담자 대응을 열거한다. ①내담자의 사고와 언어화를 집중시키는 명료화 ②비교 ③원망의 방어, 체계의 해석 이것은 심리치료적 실제와 특질요소적 접근 및 내담자 접근을 중심으로 한 것이다.	보딘은 세 가지 주요 용법을 규정한다. ①내담자는 검사의 선정에서 능동적인 참여자가 되어야 한다. ②상담자는 구두로 검사해석을 하여야 한다. ③특질요소 측면에서 나타난 것보다 필요한 만큼 소개하여야 한다.	일과 과제의 요구분석에 기초한 정보가 필요하다. 이것은 사람을 일에 조화시키려는 특정요인과 접근법과 비슷하지만 개인과 직업의 정적인 특성보다는 개인적 요구와 작업조건의 만족이 변수라는 점에서 다르다고 할 수 있다.

기본적인 상담기법들 알고 가기

1. 사용해서는 안 되는 언어습관들

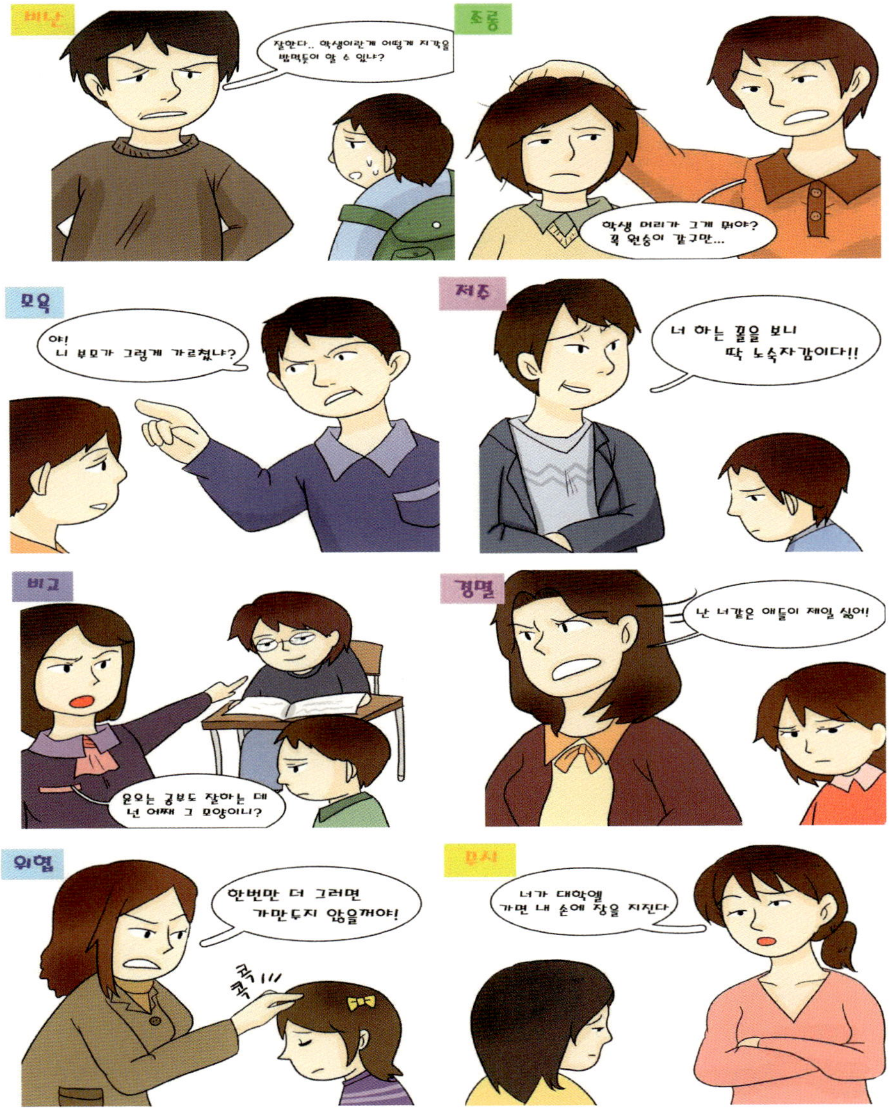

2. 기본적인 상담기법들

무조건적 긍정적 수용

공감하기

주의집중과 경청

감정의 반영

개방적 질문

재진술

공감의 표현 1

잘못된 공감의 표현 4

주의집중과 적극적 경청

개방적 질문

감정의 반영

재진술

제3장 진로와 직업의 의미 여행

제3장 진로와 직업의 의미 여행

주요 개념

1. Career란 무엇일까?

① Career란 한 사람이 일생을 통하여 일과 관련하여 총체적으로 경험하는 것이다. (Sears. 1982년)

② Career란 Work + Leisure (Mcdaniels, 1982년)

③ Career는 사람들에게 어떤 한 가지를 선택하거나 선택하지 않도록 하는 독특성을 제공해 준다. Career는 한 사람의 직업생활뿐만 아니라, 직업생활의 준비기간이나 은퇴 이후까지 포함하여 일과 관련된 자신의 역할 및 사회와의 상호 작용뿐만 아니라 여가활동까지 포함하는 것이다. (Herr & Cramer, 1996년)

2. 흥미의 다양한 정의

① 정신분석학 용어사전
물건이나 사건이 만드는 변화에 대한 태도나 감정 혹은 자신에 대한 관심 대상의 특징에 대하여 완전히 알려고 노력하기

② 미국의 행동과학사전
어떠한 물건이나 활동에 선택적인 주의를 끌게 하는 그 물건이나 활동을 중요하게 느끼는 감정의 지속적인 태도

③ 스트롱의 정의
특정한 대상에 관심을 쏟고 열중하려는 경향

- 그 대상에 대한 지속적인 관심
- 좋아하는 느낌(Feeling of like)
- 방향(Direction)
- 활동(Activity)   + 강도 & 지속기간

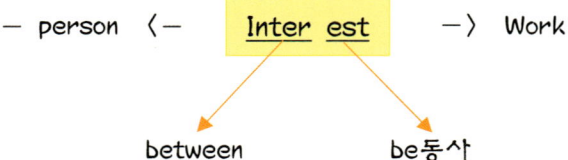

— person 〈— **Inter est** —〉 Work

between   be동사

⇒ 흥미란 일과 사람 사이의 관계를 나타내며 사람과 일의 특징을 잘 파악하여 사람을 일의 적재적소에 매칭하는 것이 중요하다.

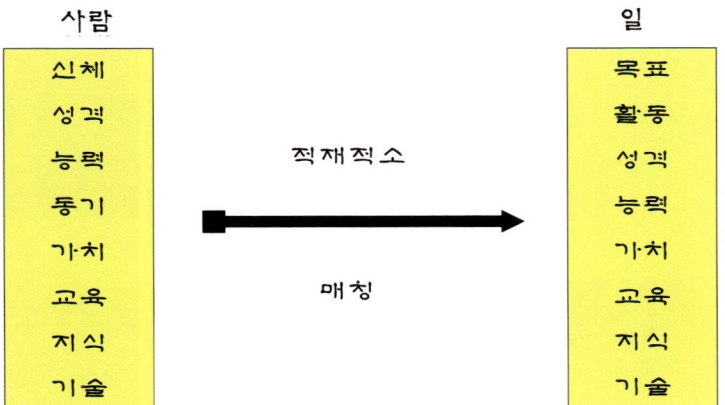

④ 수퍼의 직업흥미 형성의 4가지 요소
🦋 유전 — 30% 이상 영향을 미친다.
🦋 학습 — 흥분상태의 학습경험을 통하여 강화된다.
🦋 능력 — 학습동기 유발이나 만족감
🦋 성격 — 개인의 가치체계이고 동기부여의 요소이다.

3. 진로선택과 직업흥미

진로란 개인이 그의 일생을 통해서 하는 일의 총체를 말한다. 하나의 직업에 평생 동안 종사하는 사람들이 많아 진로와 직업을 동일한 개념으로 취급했던 과거와는 달리 현대는 과학기술의 발달에 힘입어 직업의 종류와 그 직무내용이나 기능도 다양해짐에 따라 진로와 직업의 개념을 구분하여 사용하게 되었다. 따라서 오늘날 진로란 직업을 포함하여 개인이 평생 동안 하는 일 전체를 포함하는 포괄적인 개념으로 받아들여지고 있다.

4. 진로선택에 있어서 고려되어야 할 사항들

다음에 나오는 그림들을 연결된 이야기로 이해하고 해석하여 무엇을 말하고자 하는 것인지 생각해보자. 자신의 적성과 흥미에 맞는 직업을 찾아가는 과정을 엮어놓은 그림들이다. 진로선택에 있어서 무엇이 중요함을 말한 것인지 잘 생각해 보자.

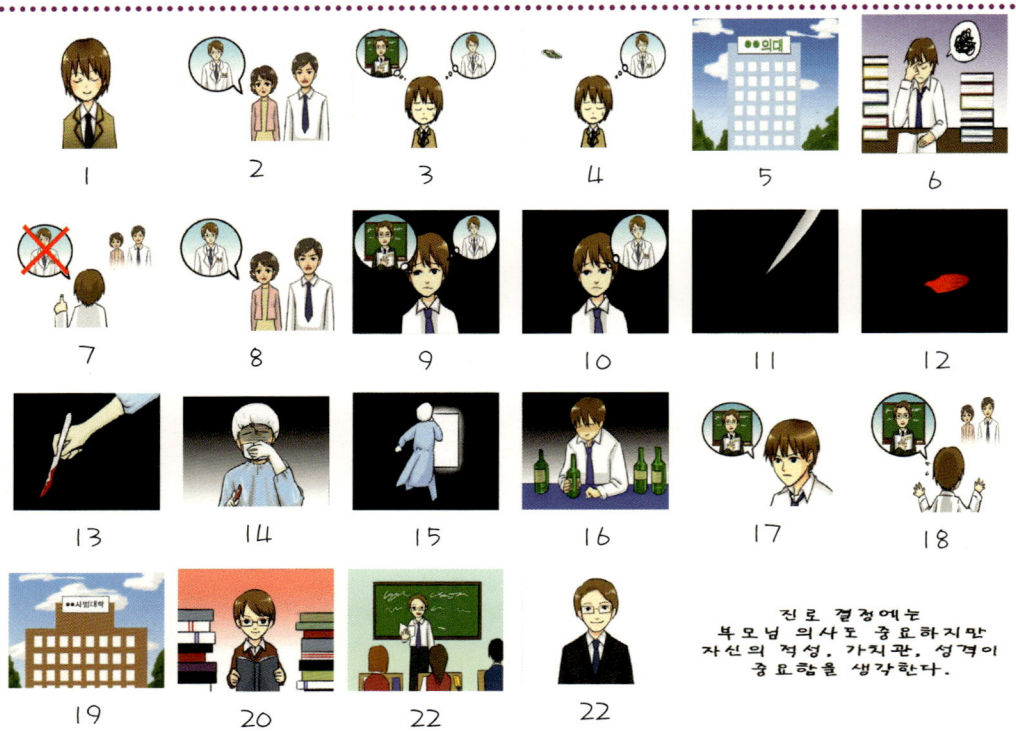

1   2   3   4   5   6

7   8   9   10   11   12

13   14   15   16   17   18

19   20   22   22

진로 결정에는
부모님 의사도 중요하지만
자신의 적성, 가치관, 성격이
중요함을 생각한다.

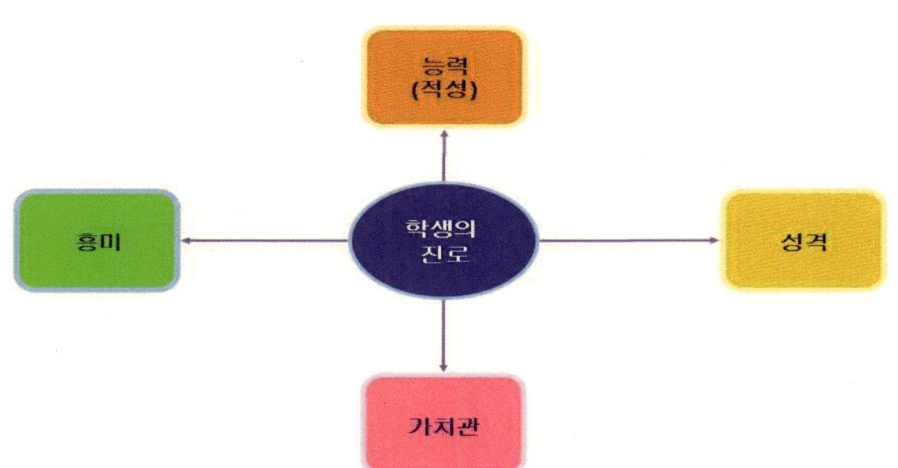

〈진로탐색을 위한 질문들〉

직업의 의미와 필요성

출처 : http://kids.molab.go.kr/

1) 의미

2) 필요성

생계유지에 필수	직업을 가지는 이유 중 가장 기본적인 것이 생계와 관련된 것이라 할 수 있다. 자본주의 국가에서 경제적인 보상을 마련해 주는 것이 바로 직업이기 때문이다. 직업은 이렇게 생계에 필요한 소득의 원천이므로 직업을 가지는 가장 일반적인 이유로 이 생계유지가 거론된다.
사회적 역할 분담	인간은 사회적 동물이며 사회 속에서 집단을 형성하여 살아가기 때문에 직업이 사회적 역할을 분담하며 그 사회에 기여하는 의미를 지닌다. 사람들이 사회 속에서 각자의 역할을 분담하여 일을 성실히 수행해 나가는 것이 결국 역할 분담과 사회 기여에 대한 직업의 의미가 될 것이다.
자아실현에 필요	인간이 사회 속에서 역할을 분담하여 일을 수행할 때 그 능력과 흥미·개성이 다르기 때문에 각자의 특성에 맞는 직업을 선택하여 능력을 발휘하게 된다. 이 경우 이미 직업은 생계수단과 역할 분담의 의미를 넘어서 능력 발휘와 꿈과 희망을 이루는 개인의 자아실현의 의미를 지니게 된다.
욕구충족을 위한 요소	인간은 성취욕구와 소속과 사랑의 욕구, 자유의 욕구, 즐거움의 욕구 등을 가지게 되는데 그것은 인간이 일을 하게 되는 직업을 통해서 충족될 수 있다. 단순히 돈을 벌고 출세를 위해서만이 아니라 일을 통해 삶의 의미와 가치를 찾게 되는 것이다.

 # 나와 직업 궁합 보는 과정

―나에게 어울리는 진로 및 직업을 찾아가는 데는 많은 노력과 시간이 필요하답니다. 어떤 과정들이 필요한지 한번 살펴볼까요?

1) 나를 탐색해야죠

나에 대해 탐색합시다. 나의 성격, 흥미, 능력, 그리고 나의 가치관이나 삶의 목표는 무엇인지 생각해 봅시다. 또 내가 무엇을 좋아하고, 무엇을 잘하는지에 대해서도 생각해 봅시다. 나에 대한 전반적인 이해는 나에게 적합한 진로 및 직업을 찾아가는 필수적인 과정입니다.

2) 직업세계를 탐색해야죠

나에 대한 탐색만큼이나 직업에 대한 탐색도 필요합니다. 직업에는 어떤 것들이 있으며, 사라진 직업에는 어떤 것들이 있는지, 또 새롭게 생겨난 직업에는 어떤 것들이 있는지 직업세계에 대한 정보들을 탐색해 보아야 합니다. 직업에 대한 정보를 탐색하는 방법에는 인터넷 이용과 자료수집 등이 있어요.

3) 진로목록을 만들어 봐요

인터넷, 자료 등 여러 경로를 통해서 얻게 된 직업들에 대한 목록을 나만의 포토폴리오가 되게 만들어 봅시다. 내 능력과 적성에 맞는 직업들에 국한시켜 작성하지 말고 이 단계에서는 내가 관심을 가지고 있거나 또는 흥미를 느끼고 있는 모든 직업들을 포함시켜요. 주변 사람들의 추천을 받은 직업도 포함시켜도 좋아요.

4) 진로목록에 있는 직업을 다시 탐색해요

나의 진로 포토폴리오가 만들어졌다면 이제 이 목록에 있는 직업들에 대한 보다 구체적인 정보들을 수집하는 노력이 필요해요. 각 직업들의 자격사항, 주요 업무, 직업적인 특징과 장점, 단점, 미래에 대한 전망 등 알고 싶은 많은 정보들을 수집해 보아요. 그 직업을 가진 사람을 만나 면담을 해 보는 것도 좋은 방법이에요.

5) 진로대안들을 평가하고 선택해 보아요

정보수집이 끝났다면 지금까지 탐색한 직업들로 대안 평가를 해 보아요. 그것들을 이루는 것이 얼마나 현실적으로 가능한지, 또 그 직업들을 이루기 위해서는 어떤 노력들을 기울여야 하는지, 내 성격과 적성, 흥미에는 얼마나 부합되는지 등 대안을 평가해 보고 우선순위를 매겨 선택해 보아요. 꼭 한 가지만 선택해야 한다는 생각을 버리고 우선순위를 정해 3~4개의 직업을 선택해 탐색의 여지를 남겨 두어요.

6) 이제는 구체적인 진로계획을 세워요

우선순위가 가장 높은 직업에 대한 구체적인 진로계획을 세워 보아요. 그 직업을 가지기 위해서는 어떤 준비와 노력이 필요한지 계획해 보아요. 즉 어떤 계열의 공부가 필요한지, 어떤 과를 선택해야 하는지, 어떤 대학을 가야 하는지, 어떤 자격사항을 갖추어야 하는지 등 현실적인 여건들을 고려하여 구체적인 계획을 세워 보아요. 첫 번째 직업에 대한 진로계획이 완전히 수립이 되었다면 다음 순위에 있는 직업들도 똑같은 방법으로 계획해 보아요. 자신의 미래에 대한 열정이 있다면 이 정도의 노력과 수고는 가능하겠죠?

7) 이제는 진로계획을 성실히 실행에 옮겨 보아요

그럴듯한 나만의 포토폴리오가 만들어지고 그에 대한 합리적이고 효율적인 계획까지 수립이 되었다고 그게 다는 아니죠. 이제부터가 시작인거죠. 아무리 훌륭한 계획도 실천이 따르지 않는다면 '그림 속의 떡'일 뿐이에요. 내 손에 넣기 위한 피나는 노력만이 나에게 영광된 미래를 보장할 수 있음을 명심하고 계획을 성실히 실행에 옮겨 보아요.

진로탐색에 필요한 4가지 질문 — 4W 모델

Who **am I** — 나는 누구인가?

🥣 Interest: 내가 흥미를 느낄 수 있는 관심 분야는 무엇인가?

🥣 Personality: 내 성격의 특징, 장점, 단점들은 무엇인가?

🥣 Ability, Skill, Knowledge: 직업에 대한 나의 적성이나 능력은 어느 정도인가?

➡️ 자기탐색

What **do I want to do** — 무엇을 하기를 원하는가?

🥣 내 관심이 가는 직업과 미래 전망이 엿보이는 직업은 무엇인가?

🥣 내게 주어지면 잘해 낼 수 있을 것 같은 직업과 해 보고 싶은 직업은 무엇인가?

🥣 검사를 통해 객관적으로 확인한 나와 궁합이 잘 맞는 직업은 무엇인가?

➡️ 일의 세계 탐색

Why **do I want to do it** — 왜 그것을 하고자 하는가?

― 직업에 대한 나의 가치관 확인하기

🥣 성격, 흥미, 취미, 성차, 성적이나 능력, 흥미학과 직업정보 등 개인적 요인들을 꼼꼼하게 확인하기

🥣 미래 전망, 대학 서열, 전공의 비전, 경제적 지위, 사회적 권력이나 명성 등 사회적 요인들도 함께 확인하기

🥣 부모의 경제적·사회적 위치, 부모의 기대. 형제자매의 영향, 종교, 주위의 조언이나 충고, 가치 있거나 고급스런 경험 등 환경적 요인들도 꼭 고려하기

➡️ 최선의 선택

Where **do I want to do it** — 어디서 이룰 수 있는가?

🥣 직업에서 요구하는 자격요건, 즉 성적, 성격, 가치관, 전문적 지식·기술, 경험 등을 종합적으로 고려하여 살펴보기

🥣 진로 및 직업계획과 자기계발 계획하기

🥣 직업에 대한 미래 전망을 꼼꼼하게 챙겨보기

➡️ 계획 수립

제4장 재미있는 진로상담 프로그램 여행

Who AM I ?

1 나의 욕구 속 진로탐색

2 나와 직업 궁합 보기

3 조해리의 창을 통해 본 주관적 나

4 MBTI 성격검사를 통해 본 객관적 나

5 내 관점 바꾸기

1차시   나의 욕구 속 진로탐색

학습 목표	▪ 모든 행동은 결국 자신 스스로가 선택하는 것이며 그 선택에 대한 책임 역시 각자에게 있음을 인식시킨다.		영역	진로
지도 과정	지도 요소	지도내용	시간 (분)	자료 및 참고사항
시작 부분	▪동기유발	오늘의 학습목표를 쉽게 이해하도록 간단한 게임을 도입하여 설명한다.	5	
중간 부분	▪게임하기	'클림활동' 게임을 통해 사람은 자신이 인식한 대로 행동하는 것임을 알게 한다.	5	쉬는 시간 게임할 수 있는 공간 확보
	▪게임하기	이어서 간단한 활동을 통해 자신의 행동이 자 신의 인식으로부터 나왔으며 그 행동의 선택 은 본인이 한 것이며 그 선택에 사람들과의 관계가 있음을 알게 한다.	5	
	▪활동하기	활동자료 "나의 욕구를 찾아서"를 통해 본인이 지금 현재 어떤 욕구들을 가지고 있으며 그 욕구들을 채우기 위해 어떤 활동을 선택하고 있는지 알게 한다.	10	활동자료
	▪생각하기	또한 자신의 어떤 욕구에 진로에 대한 탐색이 들어 있는지 확인해 보고 오늘부터 하게 되는 진로 프로그램에서 자신의 진로를 확인하고 선택하는 것은 온전히 자신의 몫이며 그 책임 역시 자신에게 있는 것임을 인식하도록 한다.	5	
	▪발표하기	정리한 활동자료와 함께 자신의 진로에 대한 생각을 발표하는 시간을 갖는다.	15	
마무리 부분	▪평가 및 정리	책임 있는 선택적 행동을 위한 노력을 할 수 있도록 격려한다.	5	

 # 욕구와 선택

1. 글래써의 다섯 가지 욕구

생존의 욕구　사랑과 소속의 욕구　즐거움의 욕구　힘의 욕구　자유의 욕구

1) 누구에게나 욕구는 있다. 욕구충족 방법이 다르고 느끼는 욕구가 다르다. 즉 커피를 마시는 것을 즐거움의 욕구로 느끼는 사람도 있고 마시지 않으면 안 되는 생존의 욕구로 느끼는 사람도 있다.

2) 알코올의 위험을 생존의 욕구를 주관하는 구뇌에서는 알지만 즐거움의 욕구를 주관하는 신뇌에 의해 구뇌가 좌절될 수 있다.

3) 욕구들 간의 우열이나 순서는 없으며 상호 교류가 가능하다고 본다. 즉 생존의 욕구가 채워지면 즐거움의 욕구로 넘어갈 수 있다는 것이다.

2. 전 행동 이해하기

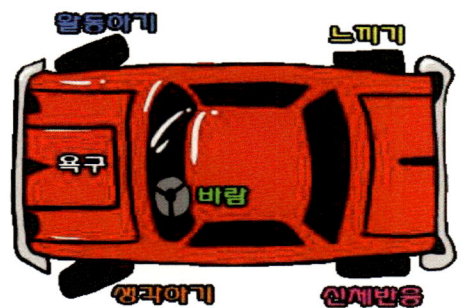

1) 활동하기, 생각하기, 느끼기, 신체반응이 하나가 되어 전 행동이 나타난다.

2) 예습 없이 영어시간에 지적받았을 때 떨리는 느낌, 재수 없구나 하는 생각, 얼굴 붉어짐과 같은 신체반응, 머리 숙임과 같은 활동하기가 같이 일어나며 이 전 행동은 벗어나고 싶다는 바람에서부터 나온다.

3) 그리고 이 바람은 생존의 욕구에서 나오는데 우리가 보게 되는 것은 욕구가 아니라 바람이다. 또한 이 바람은 행동으로 인해 충족된다.

4) 활동하기와 생각하기는 통제 가능하다.

5) 느끼기와 신체반응은 직접적인 통제는 어렵거나 불가능하다.

6) 활동하기와 생각하기를 통해 간접통제가 가능하다.
- 미운 마음이 들 때 억지로 그 미움을 없애는 것은 힘들지만 쇼핑을 나가는 행동을 통해 미운 느낌을 바꿀 수 있는 것이 예.

7) 마치 앞바퀴 두 개만 움직여 뒷바퀴가 같이 돌아가는 2륜 자동차처럼 활동하기와 생각하기에 의해 느끼기, 신체반응하기가 영향을 받아 움직이거나 변화된다.

➡ 자신감이 없다고 느끼거나, '힘들다', '슬프다' 등의 느낌을 가지고 있는 학생이라도 자신의 생각과 활동을 바꿈으로써 전 행동이 다르게 나타날 수 있다.

 **활동하며 체험해 보기**

클립활동

여러 가지 종류의 클립들을 준비하고 모이게 한다.

─처음에는 몇 개의 클립을 자기 몸에 부착하도록 안내한다.

─그 다음에는 남의 몸에 있는 클립을 가지고 와서 자기 몸에 부착하도록 안내한다. 남들이 클립을 가지지 못하도록 자기가 가져오라고 한다.

─그 다음에는 자기 몸의 클립을 다른 사람의 몸에 붙이게 한다. 다른 사람이 많은 클립을 가지도록 다 주도록 지시한다.

─많은 클립을 부착해야 이긴다고 설명하지 않았는데 왜 그렇게 남의 클립을 많이 가져오려 했는지 질문한다.

─자기 몸에 클립이 하나도 없어야 이긴다고 말하지 않았는데 왜 그렇게 클립을 다 떼 내려고 했는지 질문한다.

─우리는 내가 많이 가져야 이긴다는, 또 내가 하나도 가지지 않아야 이긴다는 나름대로의 지각을 하게 되고 그 지각한 대로 행동하게 됨을 설명한다.

만들기

종이나 종이컵을 각각 나누어 준다. 그리고 뭔가를 만들어 보도록 안내한다. 다 만들고 나면 질문한다.

─왜 만들었나? 질문한다.

─시켜서 만들었다 하면 시키면 다 하는지 질문을 통해 관계가 개입되었음을 설명한다.

─관계가 있는 사람이면 무조건 시키는 대로 다 하는지 수행이 어려운 활동을 요구하고 하지 않으면 관계가 있는 사람이라도 하고 하지 않고는 본인의 선택에 달려 있음을 깨닫게 한다.

─그리고 또 종이를 주면 똑같은 것을 만들겠는지 질문한다.

─다른 것을 만들겠다면 왜 처음에 그것을 만들지 않았는지 질문한다.

─그때는 그때의 선택이 최선이었음을 설명한다.

─상황에 따라 대처하는 방법이 서로 다름도 함께 설명한다.

─위 활동을 통해 개인에게 내재해 있는 다섯 가지 욕구와 선택을 설명한다.

나의 욕구를 찾아서

학교		학년		이름	

자유의 욕구

힘의 욕구

생존의 욕구

사랑과 소속의 욕구

즐거움의 욕구

나와 직업 궁합 보기

학습 목표	• 나의 흥미, 성격, 가치관, 능력 등 나를 이해해 본다. • 직업과 연결시켜 본다.		영역	진로
지도 과정	지도 요소	지도내용	시간 (분)	자료 및 참고사항
시작 부분	• 동기유발	모자처럼 보였던 그림이 사실은 코끼리를 삼킨 보아뱀이었던 어린왕자의 이야기로 흥미를 이끌어 낸다.	3	
중간 부분	• 설명하기	모자처럼 보였던 그림이 사실은 코끼리를 삼킨 보아뱀이었던 어린왕자의 이야기를 들려주며 나를 이해하는 것도 겉으로 나타나는 모습만으로 판단해서는 안 되며 다양한 특성을 살펴보고 진로를 결정해야 한다는 사실을 이야기해 준다.	5	보기자료
	• 생각하기	우선 자신의 흥미, 성격, 가치관, 능력 등에 대해 차분히 생각해 보는 시간을 갖는다.	5	
	• 활동하기	활동자료 "재미있게 골라보는 직업"을 나누어 주고 지금까지 생각했던 것에 비추어 활동자료를 기록해보 도록 한다.		활동자료
		자신에 대해서 생각하고 마음속으로 정리했던 내용을 '평생 입어야 할 옷의 선택'에 비유해 보면서 재미있고 쉽게 그러나 소란스럽지 않고 진지하게 직업을 탐색해 볼 수 있도록 지도한다.	15	
	• 발표하기	활동자료 작성이 끝난 뒤 각자의 흥미, 성격, 가치관, 능력에 맞게 작성한 활동자료를 발표해 본다.	20	
마무리	• 평가 및 정리	생각과 정리가 다 끝나지 못한 학생들을 격려하고 지속적으로 생각해 보며 자기를 이해하도록 한다.	2	

 **보아뱀 이야기**

생텍쥐페리의 『어린왕자 이야기』를 한 번쯤은 다 읽어 보았을 것이다. 순수한 영혼을 지닌 어린왕자에 등장하는 많은 이야기들 중에 여러분들의 기억 속에 가장 강하게 남아 있는 것은 무엇인가?

사랑과 소유에 대한 여우의 상징적 표현 이야기를 통해 인간과 사랑의 참모습을 보여주는 이 동화에는 코끼리를 삼킨 보아뱀의 이야기도 소개되어 있다. 겉으로 보기에 단순한 모자로 보였던 것이 알고 보니 코끼리를 삼킨 보아뱀이었던 것이다. 어떠한 사물을 평가하고 판단할 때 그렇게 우리는 겉모습만이 전부라고 생각하는 오류를 가끔씩 범하게 된다. 혹시 지금 현재의 자신의 모습을 그저 모자라고 잘못 이해하고 있는 것은 아닌지, 혹시 자신이 코끼리를 삼킨 보아뱀은 아닌지, 깊은 자기탐색이 필요하다.

자신에 대한 탐색으로 자신을 잘못 알고, 잘못 판단하는 오류를 범하지 않도록 자신의 내면 속까지 들여다보는 시간을 가져 보길 바란다.

진정한 탐색이야말로 코끼리를 삼킨 보아뱀의 참모습을 알게 해 주는 유일한 방법이 되어 줄 것이다.

재미있게 골라보는 직업

성격	입어서 가장 편안한 옷		내 '성격'과 궁합이 맞는 직업
흥미	입고 싶은 옷		내 '흥미'와 궁합이 맞는 직업
가치관	갖고 싶은 옷		내 '가치관'과 궁합이 맞는 직업
능력	가질 수 있는 옷		내 '능력'과 궁합이 맞는 직업
미래 전망	유행에 뒤지지 않는 옷		'미래전망'과 궁합이 맞는 직업

조해리의 창을 통해 본 주관적 나

학습 목표	• '조해리의 창'을 통해 자신을 이해하고 탐색한다. • 자신이 모르고 있던 자아에 대해 알게 된다.		영역	진로
지도 과정	지도 요소	지도내용	시간 (분)	자료 및 참고사항
시작 부분	▪동기유발	조해리의 창이 무엇인지 간단히 설명해 주고 활동에 대한 흥미를 유발시킨다.	2	
중간 부분	▪설명하기	타인을 통한 자신에 대한 정보가 필요한 시간이므로 친분이 있는 4~5명 정도의 소그룹을 형성하여 앉게 한다. 조해리의 창을 통해 자신은 4가지 영역 중 어느 영역에 속해 있는지 파악해 보고 자신에 대한 주관적 자아와 객관적 자아에 대한 이해를 높임으로써 심도 있는 자기탐색을 경험할 수 있도록 활동자료 "조해리의 창을 통해 나를 보자"를 나누어 주고 작성방법을 설명해 준다.	10	쉬는 시간 이용 활동자료
	▪활동하기	나와 타인이 알고 있거나 모르고 있는 자신의 적성, 흥미, 성격, 신체조건, 가치관 등을 탐색하여 활동자료의 각 해당 영역에 적어 보도록 한다. 그룹에 속해 있는 자신을 잘 아는 친구들에게 자신에 대한 정보를 얻는다. 너무 소란스럽지 않게 그룹별로 서로에 대한 정보를 주고받으면서 진지하게 자신의 모습을 발견해 나갈 수 있도록 지도한다. 자신에 대한 깊이 있는 탐색을 발표하고 서로 간 피드백을 주고받으며 자신에 대한 이해의 시간을 마무리한다.	10 10 15	
마무리	▪평가 및 정리	다른 사람은 알지만 본인이 모르는 부분이 있다면 부모님이나 친구들에게 자신의 장·단점, 재능 등에 대한 조언을 구하는 것이 필요하다는 사실을 알려준다.	3	

조해리의 창

"조해리의 창'을 통해 자신을 이해하는데 도움을 받을 수 있다. 조해리의 창은 심리학자인 Joseph Luft와 Harry Ingham에 의해서 개발되었으며 두 사람의 이름을 따서 합성하여 조해리(Joe + Harry = Johari)의 창이라고 이름 붙여졌다. "조해리의 창"은 다음 4가지 영역으로 구분된다.

🦋 공개적 영역 : 나도 알고 있고 다른 사람에게도 알려져 있는 나에 관한 정보

🦋 맹목의 영역 : 나는 모르지만 다른 사람은 알고 있는 나의 정보

🦋 숨겨진 영역 " 나는 알고 있지만 다른 사람에게는 알려지지 않은 나의 정보

🦋 미지의 영역 : 나도 모르고 다른 사람도 알지 못하는 나의 정보

▶ 학생들의 흥미와, 적성, 재능 등이 다른 사람에게 잘 알려지지 않았다면 알 수 있도록 공개하는 것이 진로선택에 도움이 된다는 사실을 알려준다.

▶ 특히 부모님이 학생들의 흥미 있어 하는 것을 잘 모르시는 경우, 가족 간에 진로선택에 대한 갈등이 있을 수 있음을 알려준다.

▶ 그리고 자신의 적성을 다른 사람이 알고 있지만 본인이 모르는 부분이 있다면 주위 사람들에게 자신의 장·단점과 재능이 있어 보이는 분야는 어떤 것이 있는지 조언을 구하는 것이 필요하다는 것을 이야기해 줄 필요가 있다.

조해리의 창을 통해 나를 보자.

▶ '조해리의 창'에서 나와 타인이 알고 있거나 모르고 있는 자신의 적성, 흥미, 성격, 신체조건, 가치관 등을 탐색하여 각 해당 영역에 적어 봅시다.

	내가 알고 있는 정보	내가 모르고 있는 정보
타인이 아는 정보	공개적 영역: 나도, 남도 알고 있는 나	맹목의 영역: 나는 모르고, 남은 아는 나
타인이 모르는 정보	숨겨진 영역: 나는 알고, 남은 모르는 나	미지의 영역: 나도, 남도 모르는 나

나에 대한 탐색

1. 나의 성격 중 내가 판단할 때 장점이라고 생각되어 지는 것은 무엇인가요?

2. 나의 성격 중 다른 사람들이 장점이라고 말해주는 것에는 어떤 것이 있나요?

3. 내 성격 중 고치고 싶은 점과 어떻게 고쳤으면 좋겠는지 적어 봅시다.

4. 내가 생각하기에 잘 하거나, 능력이 있다고 생각되는 구체적인 활동 내용들을 적어 봅시다.

5. 시간가는 줄 모르고 몰두 할 수 있는 흥미로운 일은 어떤 일입니까?

6. 부모님의 기대, 사회적 편견과 같은 주변 환경적 요인이 없다고 할 때 진정으로 내가 하고 싶은 일이나 직업은 무엇입니까?

4,5차시 성격검사를 통해 본 객관적 나(2교시분)

학습 목표	지도 요소	지도내용	영역	진로검사
	• 성격검사를 통해 좀 더 객관적인 자신을 들여다본다. • 자신의 유형을 통한 선호도를 확인한다.			
지도 과정	지도 요소	지도내용	시간 (분)	자료 및 참고사항
시작 부분	• 동기유발	팔짱끼기, 가락지 끼기 등을 통해 성격검사는 좋고 나쁜 성격에 대한 판별이 아니라 자신의 선호도를 가려내는 것임을 알려준다.	5	
중간 부분	• 소개하기	성격검사(MBTI)에 대한 이해를 높이기 위한 오리엔테이션을 실시한다. 즉 이 검사는 능력을 알아보기 위한 진단검사가 아니라 선천적인 선호경향을 알아보는 비진단검사임을 알려주는 등 간단한 오리엔테이션을 실시한다.	5	MBTI 검사지
	• 검사실시	검사지와 답안지, 프로파일을 나누어 주고 성격검사를 실시한다. 이때 정확한 검사가 될 수 있도록 옆 사람과의 의논이나 질문은 가급적 자제할 수 있도록 지도한다.	30	프로파일
	• 채점하기	검사가 끝나는 대로 각자 자신의 응답지를 보고 채점을 한 뒤 프로파일을 작성하며 자신의 유형을 확인하도록 한다.	10	보기자료 또는 PPT
	• 설명하기	MBTI의 선호지표 4가지를 설명하고 각 유형별 성격의 특징을 간략하게 소개하여 학생들이 자신의 유형에 대해 이해할 수 있도록 한다.	30	
		자신의 유형에 맞는 직업이나 직업적 환경을 활동자료 "내 유형을 찾아서"를 통해 탐색해 봄으로써 진로탐색의 문에 한발 다가서게 한다.	17	활동자료
마무리	• 평가 및 정리	다른 자료와 정보를 통해 자신의 유형에 맞는 또 다른 직업들을 더 많이 찾아보도록 과제를 부여한다.	3	과제 부여

MBTI 이야기

1 MBTI 4가지 선호지표

외향(E) Extraversion	에너지 방향, 주의 초점 ← → 태도	내향(I) Introversion
감각(S) Sensing	인식기능(정보수집) ← →	직관 iNtuition
사고(T) Thinking	판단기능(판단, 결정) ← →	감정(F) Feeling
판단(J) Judging	행동양식 ← → 외부세계에 대처하는 생활양식	인식(P) Perceiving

1) 외향과 내향

외향성		내향성	
• 주의 집중 - 자기 외부 • 외부 활동에 적극성 • 폭넓은 대인관계(다수) • 소모에 의한 에너지 충전 • 여러 사람과 동시에 대화 • 경험한 다음에 이해	• 말로 표현 • 사교성, 인사 • 정열적, 활동적 • 쉽게 알려짐	• 주의 집중 - 자기 내부 • 내부 활동에 집중력 • 깊이 있는 인간관계(소수) • 비축에 의한 에너지 충전 • 이해한 다음에 경험	• 글로 표현 • 자기 공간 • 1:1 대화 • 조용하고 신중 • 서서히 알려짐
외향의 대표적 표현		**내향의 대표적 표현**	
• 외부의 • 다수의 • 사람과 함께 • 행동 • 폭		• 내부의 • 소수의 • 사적인 • 반영 • 깊이	
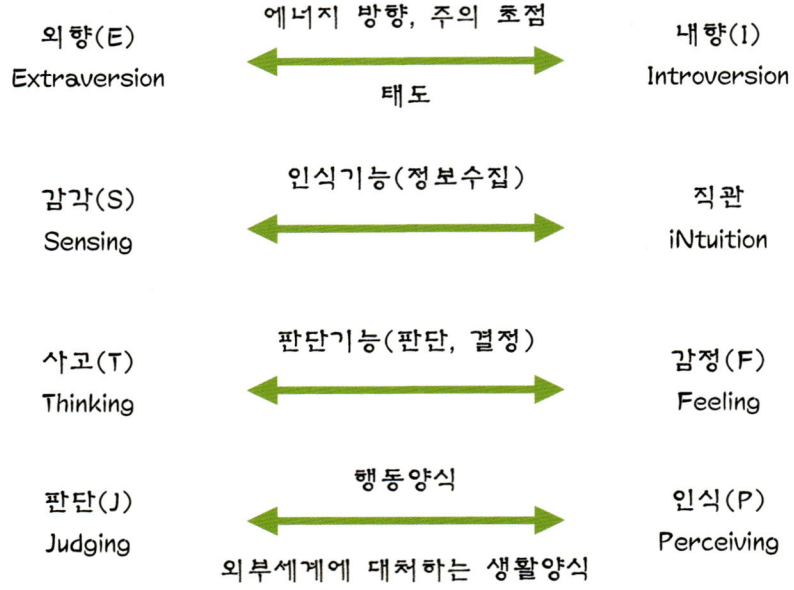			

58

2) 감각과 직관

감각형		직관형	
• 오감	• 주의초점 – 지금, 현재	• 육감	• 주의초점 – 미래 가능성
• 실제의 경험	• 사실적이고 구체적	• 아이디어	• 상상적이고 영감적
• 실태 파악	• 현실 수용	• 가능성과 의미 추구	• 미래 지향
• 정확 철저(일 처리)	• 일관성과 일상성	• 신속 비약(일 처리)	• 변화와 다양성
• 사실적 사건 묘사	• 관례를 따르는 경향	• 비유적, 암시적 묘사	• 씨 뿌림
• 가꾸고 따르는 경향	• 나무를 보려는 경향	• 새로운 시도를 하는 경향	• 숲을 보려는 경향
감각형의 대표적 표현		**직관형의 대표적 표현**	
• 현실적 • 세부적 • 현재 • 상식적 감각 • 사실		• 상상적 • 패턴 • 미래 • 이론 • 개혁	

3) 사고와 감정

사고형		감정형	
• 관심의 주제 – 사실, 진실		• 관심의 주제 – 사람, 관계	
• 객관적 진실	• 원리와 원칙	• 보편적인 선	• 의미와 영향
• 논리적	• 분석적	• 상황적	• 포괄적
• 간단명료한 설명	• 지적 논평을 선호	• 정상을 참작한 설명	• 우호적 협조
• 객관적 판단	• 원인과 결과가 중요	• 주관적 판단	• 나에게 주는 의미
• 규범과 기준을 중시		• 좋다, 나쁘다가 중요	
사고형의 대표적 표현		**감정형의 대표적 표현**	
• 머리 • 공정한 • 분석 • 정의 • 객관적 • 비평적		• 가슴 • 동정적인 • 공감 • 조화 • 주관적 • 칭찬	

4) 판단과 인식

판단형		인식형	
• 체계적	• 정리, 정돈과 계획	• 자율적	• 상황에 맞추는 개방성
• 의지적 추진	• 신속한 결론	• 이해로 수용	• 유유자적한 과정
• 통제와 조정	• 분명한 목적의식	• 융통과 적용	• 목적과 방향의 변화
• 분명한 방향감각	• 뚜렷한 기준과 자기의사	• 환경에 따른 변화	• 결론보다는 과정을 즐김
판단형의 대표적 표현		**인식형의 대표적 표현**	
• 구조 • 마감 • 계획적 • 조직화 • 통제		• 흐름 • 개방성 • 동시에 • 유연성 • 적용	

2 16가지 유형별 특징

ISTJ(주 기능 감각, 보조기능 사고, 열등기능 직관)

신중하고 조용하며 집중력이 강하고 매사에 철저하다. 구체적, 사실적, 논리적, 현실적인 성격을 띠고 있으며 신뢰할 만하다. 만사를 체계적으로 조직화시키려고 하며 책임감이 강하다. 성취해야 한다고 생각하는 일이면 주위의 시선에 아랑곳하지 않고 꾸준히 견실하게 추진해 나가기도 한다. 사리분별 정확하고 법 없이도 산다. 계획을 짜거나 뒷정리를 잘한다. ENFP가 보기에 ISTJ는 재미없고, 딱딱하고 조심성이 많고 답답하다.

ISFJ(주 기능 감각, 보조기능 사고, 열등기능 직관)

조용하고 친근하고 책임감 있으며 양심 바르다. 일에 헌신적이며 어떤 계획의 추진이나 집단에 안정감을 가져다준다. 매사에 철저하고 성실하고 정확하다. 기계 분야에는 관심이 적지만 필요하다면 세세한 면까지도 잘 처리해 나가며 충실하고 동정심이 많고 타인의 경정에 민감하다.

INFJ(주 기능 직관, 보조기능 감정, 열등기능 감각)

창의력과 통찰력이 뛰어난 사람이다. 인내심이 많고 독창적이며 필요하거나 원하는 일이라면 끝까지 이루려고 한다. 자기 일에는 최선의 노력을 다하며 타인에게 말없이 영향력을 미치며 양심이 바르고 다른 사람에게 따뜻한 관심을 가지고 있다. 확고부동한 원리원칙을 중시하며 공동선을 위해서는 확신에 찬 신념을 가지고 있기 때문에 존경을 받으며 사람들이 따르는 편이다. 깊은 내적 세계의 추구로 내면 갈등이 많다.

INTJ(주 기능 직관, 보조기능 사고, 열등기능 감각)

대체로 독창적이며 자기 아이디어나 목표를 달성하는 데 강한 추진력을 가지고 있다. 관심을 끄는 일이라면 남의 도움이 있든 없든 이를 계획하고 추진해 나가는 능력이 뛰어나다. 회의적, 비판적, 독립적이고 확고부동하며 때로는 고집스러울 때도 많다. 냉철한 분석력과 비판력 때문에 사물과 사람을 있는 그대로 수용하기 힘들며 인간적인 면을 소홀히 하기 쉽다. 성취욕구도 강하다. ESFP는 혼자 있으면 심심해 못 견디지만 INTJ는 '심심하죠?' 하고 물으면 이해하지 못함

ISTP(주 기능 사고, 보조기능 감각, 열등기능 감정)

차분한 방관자적이다. 조용하고 과묵하며 절제된 호기심을 가지고 인생을 관찰하고 분석한다. 때로는 예기치 않게 유머감각을 나타내기도 하지만 대체로 인간관계에 관심이 없고 기계가 어떻게 왜 작동하는지 흥미가 많다. 논리적인 원칙에 따라 사실을 조직화하기를 좋아하는 편이다. 남 앞에서 수줍음이 많고 자신에 대한 표현을 억제하는 편이다.

ISFP(주 기능 감정, 보조기능 감각, 열등기능 사고)

말없이 다정하고 친절하고 민감하며 자기 능력을 뽐내지 않고 겸손한 편이다. 의견의 충돌을 피하고 자기 견해나 가치를 타인에게 강요하지 않으며 남 앞에 서서 주도해 나가기보다 충실히 따르는 편이다. 일하는 데에도 여유가 있다. 왜냐하면 목표를 달성하기 위해 안달복달하지 않고 현재를 즐기기 때문이다. 가장 겸손한 유형이다. 물건값을 깎을 줄 모른다. 남이 무엇을 시키면 거절할 줄 모른다. 남에게 비판적인 말을 못해 혼자서 마음이 상하고 끙끙 앓을 줄 모른다. 자신을 내세우지 않으며 자기 자랑이 없다.

INFP(주 기능 감정, 보조기능 직관, 열등기능 사고)

정열적이고 충실하나 상대방을 잘 알기 전까지는 이를 드러내지 않는 편이다. 학습, 아이디어, 언어, 자기 독립적인 일에 관심이 많다. 어떻게 하든 이루어 내기는 하지만 일을 지나치게 많이 벌이려는 경향을 가지고 있으며 남에게 친근하기는 하지만 많은 사람들을 동시에 만족시키려는 부담을 가지고 있다. 물질적 소유나 물리적 환경에는 별 관심이 없는 편이다. 아이디어에 관심이 많고 통찰력 있으며 긴 안목으로 미래를 내다본다. 뜨거운 불을 안고 있는 사람이다. 신념이 위협받는 상황에서는 양보가 없다.

INTP(주 기능 사고, 보조기능 직관, 열등기능 감정)

조용하고 과묵하다. 특히 이론적, 과학적 추구를 즐기며 논리와 분석으로 문제를 해결하기를 좋아한다. 주로 자기 아이디어에 관심이 많으나 사람들의 모임이나 잡담에는 관심이 없다. 관심의 종류가 뚜렷하므로 자기의 지적 호기심을 활용할 수 있는 분야에서 능력을 발휘할 수 있다. 생각이 많은 사람이며 책상에 앉아서도 우주를 생각한다. 비판적이다. 생각을 안 하면 할 일이 없는 것 같다고 한다. 자기 사고에 겸혀 현실에는 어둡다.

ESTP(주 기능 감각, 보조기능 사고, 열등기능 직관)

현실적인 문제해결에 능하다. 근심이 없고 어떤 일이든 즐길 줄 알며 기계 다루는 일이나 운동을 좋아하고 친구 사귀기를 좋아한다. 적응력이 강하고 관용적이며 보수적인 가치관을 가지고 있다. 긴 설명을 싫어하며 기계의 분해 또는 조립과 같은 실제적인 일을 다루는 데 능하다. 놀기 좋아하고 호인이며 관대하고 느긋하고 선입견이 없고 만사를 있는 그대로 받아들인다. INFJ는 세상 돌아가는 것을 모른다. 하지만 ESTP는 정보통이다.

ESFP(주 기능 감각, 보조기능 감정, 열등기능 직관)

사교적이고 태평스럽고 수용적이고 친절하며 만사를 즐기는 형이기 때문에 다른 사람들로 하여금 일에 재미를 느끼게 한다. 운동을 좋아하고 주위에 벌어지는 일에 관심이 많아 끼어들기 좋아한다. 추상적인 이론보다는 구체적인 사실을 잘 기억하는 편이고 건전한 상식이나 사물뿐 아니라 사람들을 대상으로 구체적인 능력이 요구되는 분야에서 능력을 발휘할 수 있다. 잘 웃고 잘 운다(초상집에 가면 또 한 명의 상주가 생긴다).

ENFP(주 기능 직관, 보조기능 감정, 열등기능 감각)

따뜻하고 정열적이고 활기에 넘치며 재능이 많고 상상력이 풍부하다. 관심이 있는 일이라면 어떤 일이든 척척 해낸다. 어려운 일이라도 해결을 잘하며 항상 남을 도와줄 태세를 가지고 있으며 자기 능력을 과시한 나머지 미리 준비하기보다 즉흥적으로 덤비는 경우가 많다. 자기가 원하는 일이라면 어떤 이유라도 갖다 붙이며 부단히 새로운 것을 찾아 나선다. 일을 벌이기는 잘하나 끝맺음이 약하다(정리는 ISTJ가 한다).

ENTP(주 기능 직관, 보조기능 사고, 열등기능 감각)

민첩하고 독창적이고 안목이 넓으며 재능이 많다. 새로운 일을 시도하고 추진하려는 의욕이 넘치며 새로운 문제나 복잡한 문제를 해결하는 능력이 뛰어나며 달변이다. 그러나 일상적이고 세부적인 면은 간과하기 쉽다. 한 일에 관심을 가져도 부단히 새로운 것을 찾아 나가기도 한다. 자기가 원하는 일이면 논리적인 이유를 찾아내는 데 능하다. 다재다능하고 정력이 넘쳐 마음만 먹으면 못 하는 일이 없다. 일 없이는 못 사는 사람이다.

ESTJ(주 기능 사고, 보조기능 감각, 열등기능 감정)

구체적이고 현실적이고 사실적이며 기업 또는 기계에 재능을 타고난다. 실용성이 없는 일에는 관심이 없으나 필요할 때 응용할 줄 알며 활동을 조직화하고 주도해 나가기를 좋아한다. 타인의 감정이나 관점에 귀를 기울일 줄 알면 훌륭한 행정가가 될 수 있다. 뛰어난 행정력을 가지고 있으며 운영, 사업, 흑백이 분명한 것을 좋아하며 뒤에 감추는 것이 없이 화끈하다. ENTJ가 아이디어의 불도저라면 ESTJ는 '일의 불도저'이다.

ESFJ(주 기능 감각, 보조기능 사고, 열등기능 직관)

마음이 따뜻하고 이야기하기 좋아하고 사람들에게 인기가 있고 양심 바르고 남을 돕는 데에 타고난 기질이 있으며 집단에서도 능동적인 구성원이다. 조화를 중시하고 인화를 이루는 데 능하다. 항상 남에게 잘해 주며 격려나 칭찬을 들을 때 가장 신바람을 낸다. 경험을 통해 틀렸다는 것을 발견하기 전까지는 꾸준하게 밀고 나간다. 일에 있어서 철저하고 세심하다. 따라서 현실 감각을 가지고 있어 일을 실제적이고 조직적으로 잘 처리해 나간다.

ENFJ(주 기능 감정, 보조기능 직관, 열등기능 사고)

주위에 민감하며 책임감이 강하다. 다른 사람들의 생각이나 의견을 중히 여기고, 다른 사람들의 감정에 맞추어 일을 처리하려고 한다. 편안하고 능란하게 계획을 내놓거나 집단을 이끌어 가는 능력이 있다. 사교성이 풍부하고 인기 있고 동정심이 많다. 남의 칭찬이나 비판에 지나치게 민감하게 반응하기도 한다. 리더 역할을 선호하고 뭐든지 가르치려고 하며 언변에 능하다. 사람 중심이기에 현실적인 안목이 결여되고 꼼꼼한 면이 없다. 사람을 좋아해 이 유형의 사람에게는 사람들이 들끓는다. 사람을 긍정적 시각에서 보려 한다.

ENTJ(주 기능 사고, 보조기능 직관, 열등기능 감정)

열성이 많고 솔직하고 단호하고 통솔력이 있다. 대중 연설과 같이 추리와 지적 담화가 요구되는 일이라면 어떤 것이든 능하다. 보통 정보에 밝고 지식에 대한 관심과 욕구가 많다. 때로는 실제의 자신보다 더 긍정적이거나 자신 있는 듯한 사람으로 비칠 때도 있다. 사전에 준비를 철저히 하여 조직적이고 체계적으로 일을 추진한다. 비능률적이고 불확실한 일에는 관심을 나타내지 않는다. 비전이 많고 복잡한 문제나 지적인 자극을 선호한다. 행정적인 역할이나 장기계획 수립을 좋아한다. 논리적이고 분석적이고 활동적이다.

3 적합한 직업의 영역

지표별 적합한 직업의 영역	
E 외향	책상에 앉아 일하는 정적인 직업보다 활동적이고 사람들 사이에서 이루어지는 직업
I 내향	독립된 공간과 시간이 주어지며 에너지를 충전할 기회가 주어지는 직업
S 감각	실제적 경험을 토대로 주의 깊은 관찰능력을 발휘할 수 있는 직업
N 직관	새로운 방법으로 문제를 해결할 수 있고 미래 전망을 제시해 주는 직업
T 사고	감정과 정서적인 환경에 영향을 받지 않으며 분석적이고 논리적인 사고를 발휘할 수 있는 직업
F 감정	정서적으로 메마른 환경보다 사람들에게 도움을 주고 타인의 욕구를 충족시켜 줄 수 있는 직업
J 판단	자유롭고 개방적인 환경보다 조직적으로 구조화되어 통제적이며 계획적인 능력을 발휘할 수 있는 직업
P 인식	조직적이고 구조화된 환경보다 변화가 받아들여지고 변화에 대한 적응이 요구되는 직업

4 유형별 직업탐색 (성격유형과 진로탐색 - Charles Martin 지음/심혜숙 외 옮김)

유 형	선택률이 높은 직업	선택률이 낮은 직업
ISTJ	▶도시개발기술자 ▶철강노동자 ▶경찰 ▶관리자 ▶중소기업관리자 ▶회계사 ▶학교 버스 기사 ▶학교장 ▶구매대리인 ▶컴퓨터전문가 ▶치과의사 ▶광부 ▶엔지니어 ▶전기기사 ▶교사(수학) ▶장교, 사병 ▶법률시행관 ▶형사 ▶시스템연구가 ▶기능직 종사자 ▶화학자 ▶교육행정가 ▶법관 ▶공장노동자 ▶경영컨설턴트 ▶농부 ▶은행, 재정	▷순수 예술가 ▷성직자 ▷음악가 ▷심리학자 ▷유치원교사 ▷홍보담당자 ▷언론인 ▷배우 ▷자살, 위기 상담가 ▷종교 감독 ▷사회과학자 ▷연구원 ▷목사 ▷작가 ▷언어 교정학자
ISFJ	▶종교 수도회 ▶간호사 ▶사무관리자 ▶의료기술자 ▶초, 중, 고 교사 ▶안내, 경비 ▶요식업 종사자 ▶의사(가정의, 일반의) ▶도서관 안내원 ▶목사 ▶치과위생사 ▶건강교육지도자 ▶아동 보육사 ▶보호관찰관 ▶법률비서 ▶물리치료사 ▶치과보조원 ▶영양사	▷마케팅 전문가 ▷관리자 ▷배우 ▷심리학자 ▷인력자원계획자 ▷사진사 ▷사회사업가 ▷건축가 ▷판매관리자 ▷변호사 ▷엔지니어 ▷순수 예술가 ▷보험대리인 ▷병리학 의사
INFJ	▶종교교육 지도자 ▶순수 예술가 ▶수도승 ▶목사 ▶교육 분야 컨설턴트 ▶성직자 ▶영어교사 ▶사회사업 ▶병리학 의사 ▶사제 ▶정신의학 의사 ▶연구 보조원 ▶심리학자 ▶특수교육교사 ▶보건위생 행정가 ▶의사 ▶홍보 담당자 ▶광고 작가 ▶경영분석 컨설턴트 ▶언론 매체 전문가	▷조사연구원 ▷아동보육사 ▷농부 ▷경찰관 ▷전자기술자 ▷소방 관리직 ▷판매관리자 ▷철강노동자 ▷광부 ▷경찰 관리직 ▷은행원 ▷학교 버스 기사
INTJ	▶건축가 ▶변호사 ▶컴퓨터전문가 ▶법조인 ▶교수 ▶행정부 관리자 ▶과학자 ▶인력자원 관리자 ▶사회봉사종사자 ▶전기, 전자 엔지니어 ▶장교, 사병 ▶사진사 ▶심리학자 ▶사회과학자 ▶회사중역 ▶배우 ▶판매관리자 ▶학교장 ▶의사 ▶치과의사 ▶예술가 혹은 연예인 ▶행정가 ▶교사(보건) ▶작가, 언론인 ▶저당 중개인 ▶디자이너 ▶교사(보건) ▶연구보조원 ▶교육 컨설턴트	▷요식업자 ▷세탁 서비스업자 ▷가게주인 ▷접수계원 ▷출납원 ▷보조교사 ▷교정원 ▷간호조무사 ▷물리치료사 ▷학교 버스 기사 ▷경찰관 ▷타자수 ▷의료보조원 ▷건설노동자 ▷언어 병리사, 치료사 ▷건강 서비스업 ▷외국어 교사

유 형	선택률이 높은 직업	선택률이 낮은 직업
ISTP	▶농부 ▶장교, 사병 ▶엔지니어 ▶광부 ▶운송기사 ▶치과 위생사 ▶기계공 ▶법률 비서 ▶철강 노동자 ▶청소 서비스업 보호관찰관 ▶목수 ▶선결 노동자 ▶요리사 ▶중소기업 관리자 ▶변호사 ▶검안사 ▶병리학 의사 ▶언론매체 전문가 ▶컴퓨터전문가 ▶물리치료사 ▶법관 ▶소방 관리자 ▶엔지니어 ▶회사 중역 ▶회계사 ▶타자수 ▶학교 버스 운전사 ▶학생지도 교사 ▶점원	▷형사 ▷종교교육 지도자 ▷언론인 ▷건축가 ▷교육 컨설턴트 ▷사무관리자 ▷과학자 ▷배우 ▷연구보조원 ▷치과의사 ▷유치원교사 ▷순수 예술가 ▷위기 상담자 ▷직업치료사 ▷종교직 수도회
ISFP	▶가게주인 ▶조사연구원 ▶사무관리자 ▶목수 ▶치과보조자 ▶부기계원 ▶기계조작원 ▶형사 ▶청소서비스 종사자 ▶방사선과 기사 ▶법률 비서 ▶요리사 ▶가출청소년 상담가 ▶웨이터 ▶타자수 ▶경찰관 ▶요식업 종사자 ▶비서 ▶교사 ▶교도관 ▶개인가사도우미 ▶간호보조사 ▶건설노동자 ▶공인간호사 ▶보조교사 ▶전기기술자 ▶종교교육	▷엔지니어(화학) ▷과학자(생물) ▷배우 ▷판사 ▷연구보조원 ▷치과위생사 ▷종교교육자 ▷성직자 ▷건축가 ▷위기 상담자 ▷정부 행정관리자 ▷행정가
INFP	▶순수 예술가 ▶정신과 의사 ▶건축가 ▶편집자 ▶가출청소년 상담가 ▶건축가 ▶연구보조원 ▶비서 ▶언론인 ▶심리학자 ▶사회과학자 ▶작가 ▶상담가 ▶실험실 작가 ▶물리치료사 ▶목수 ▶위기 상담가 ▶미술, 드라마 교사 ▶요리사 ▶레스토랑 직원 ▶영어교사 ▶사회사업가 ▶연구직 종사자 ▶연예인 ▶생물학자 ▶도서관 사서 ▶언어병리사 ▶작곡가 ▶의사 ▶독서교사 ▶디자이너 외국어 교사 ▶웨이터 ▶목사 ▶변호사 ▶교육관리자	▷형사 ▷소방 관리자 ▷구매담당자 ▷광부 ▷경영건설턴트 ▷교도관 ▷학교 버스 기사 ▷경찰 관리자 ▷도시개발기사 ▷사회사업가 ▷학교장 ▷행정관리자 ▷판매관리자 ▷레스토랑 관리자 ▷가게 주인
INTP	▶화학자 ▶컴퓨터전문가 ▶건축가 ▶작가 ▶법률가 ▶연구보조원 ▶순수 예술가 ▶조사연구원 ▶판사 ▶요식업자 ▶전기기사 ▶사회과학자 ▶생물학자 ▶언론인 ▶심리학자 ▶편집자 ▶위기 상담가 ▶법정 서기 ▶과학기술자 ▶가게주인 ▶예술가 ▶치과의사 ▶정신과 의사 ▶홍보 담당자 ▶대학교수 ▶직업상담사 ▶대학 행정가	▷종교교육 지도자 ▷치과위생기사 ▷교정원 ▷소방 관리자 ▷장교, 사병 ▷타자수 ▷교사보조 ▷성직자 ▷독서교사 ▷학교장 ▷판매관리자 ▷마케팅 전문가
ESTP	▶마케팅 전문가 ▶형사 ▶목수 ▶경찰관 ▶경호원 ▶회계 감사원 ▶소방 관리자 ▶창고 노동자 ▶은행업 ▶건설 노동자 ▶가게주인 ▶레스토랑 직원 ▶편집자 ▶사회복지가 ▶전기기술자 ▶대인복지사업가 ▶검안사 ▶전기기사 ▶약사 ▶광부 ▶기계공 ▶방사선과 기사 ▶보험대리인 ▶언론인 ▶아동 보육사 ▶성인교육교사 ▶컴퓨터프로그래머	▷종교교육 지도자 ▷학생지도 관리자 ▷사진사 ▷화학 기사 ▷교육건설턴트 ▷치과위생사 ▷요식업자 ▷화학자 ▷의료보조원 ▷유치원교사 ▷사무관리자 ▷언론매체 전문가
ESFP	▶아동보육사 ▶도서관 직원 ▶디자이너 ▶사무원 ▶유치원교사 ▶학생지도 교사 ▶요식업 ▶은행업 ▶종교교육자 ▶가게주인 ▶항공엔지니어 ▶편집자 ▶의료비서 ▶부기계원 ▶공중위생간호 ▶기능공 ▶전기기사 ▶건설 노동자 ▶목수 ▶영업사원 ▶경찰관 ▶개인 가정 도우미 ▶재활 상담가 ▶농부 ▶외국어 교사 ▶종환자실 간호사 ▶기계공 ▶초등학교교사 ▶사회복지종사자 ▶방사선과 기사 ▶수학교사 ▶성인교육교사	▷정신과 의사 ▷종교교육 지도자 ▷건축가 ▷화학엔지니어 ▷경영건설턴트 ▷연구 ▷기계 엔지니어연구원 ▷교도관 ▷영어교사 ▷인력자원계획자 ▷순수 예술가 ▷정부행정관리자 ▷회계사

유 형	선택률이 높은 직업	선택률이 낮은 직업
ENFP	▶ 언론인 ▶ 상담가(재활) ▶ 교사(미술) ▶ 작가 ▶ 가출청소년 상담가 ▶ 연구보조원 ▶ 학교상담가 ▶ 심리학자 ▶ 상담자 ▶ 성직자 ▶ 사회과학자 ▶ 배우 ▶ 음악가 ▶ 변호사 ▶ 컴퓨터 오퍼레이터 ▶ 접수계원 ▶ 음식점 점원 ▶ 홍보 관련직 ▶ 예술가 ▶ 사회복지사 ▶ 항공엔지니어 ▶ 성직자 ▶ 조사연구원 ▶ 편집자 ▶ 언어 병리학자 ▶ 특수교사 ▶ 요식업자 ▶ 간호보조원 ▶ 종교교육자 ▶ 의료보조사 ▶ 영어교사 ▶ 직업 치료사 ▶ 유치원교사	▷ 과학자 ▷ 농부 ▷ 학교 버스 기사 ▷ 관리자 ▷ 철강 노동자 ▷ 판매관리자 ▷ 경영건설턴트 ▷ 광부 ▷ 내과 ▷ 화학 엔지니어 ▷ 학교장 ▷ 운송 기사 ▷ 교정직 종사자 ▷ 경호원
ENTP	▶ 사진사 ▶ 마케팅 전문가 ▶ 언론인 ▶ 연구원 ▶ 배우 ▶ 컴퓨터시스템 분석가 ▶ 정신과 의사 ▶ 건축가 ▶ 전기기술자 ▶ 법률가 ▶ 회사중역 ▶ 항공 엔지니어 ▶ 작가 ▶ 아동보육사 ▶ 농부 ▶ 판매관리자 ▶ 생물학과학자 ▶ 치과보조원 ▶ 관리자 ▶ 생명과학자 ▶ 변호사 ▶ 의료보조사 ▶ 인력자원계획자 ▶ 목사 ▶ 과학기술자 ▶ 심리학자 ▶ 위기 상담가	▷ 형사 ▷ 공장감독자 ▷ 외국어 교사 ▷ 의사 ▷ 순수 예술가 ▷ 학교 버스 기사 ▷ 사제 ▷ 검안사 ▷ 간호보조사 ▷ 유치원교사 ▷ 사회복지사업가 ▷ 도서관 직원 ▷ 종교교육자 ▷ 학교장 ▷ 의료사무관
ESTJ	▶ 소방 관리자 ▶ 구매담당원 ▶ 경찰관 ▶ 교정직 ▶ 상업, 공업교사 ▶ 판매관리자 ▶ 청소서비스종사자 ▶ 보험대리인 ▶ 광부 ▶ 사회복지사 ▶ 판사 ▶ 경찰관 ▶ 철강노동자 ▶ 농부 ▶ 간호사(행정) ▶ 회계사 ▶ 은행원 ▶ 장교, 사병 ▶ 화학엔지니어 ▶ 요리사 ▶ 학생지도 교사 ▶ 기능공 ▶ 학교 관리자 ▶ 노사관계 활동가 ▶ 컴퓨터시스템 분석가 ▶ 회계감사원	▷ 편집장 ▷ 순수 예술가 ▷ 목사 ▷ 변호사 ▷ 연구보조원 ▷ 물리치료사 ▷ 종교교육 지도자 ▷ 심리학자 ▷ 사회과학자 ▷ 성직자 ▷ 디자이너 ▷ 위기 상담자
ESFJ	▶ 교사 ▶ 의료비서 ▶ 헤어드레서 ▶ 신부 ▶ 요식업 ▶ 치과보조원 ▶ 치료 교사 ▶ 종교 수도회 ▶ 목사 ▶ 외국어 교사 ▶ 사무관리자 ▶ 보조교사 ▶ 독서교사 ▶ 검안사 ▶ 성인교육교사 ▶ 보건 종사자 ▶ 경호원 ▶ 현금출납원 ▶ 개인가정 도우미 ▶ 비서 ▶ 형사 ▶ 간호조무사 ▶ 건설노동자 ▶ 유치원교사 ▶ 치과위생 가 ▶ 교정직원 ▶ 사회복지사 ▶ 학교 버스 기사 ▶ 특수교사 ▶ 사회복지	▷ 배우 ▷ 정신과 의사 ▷ 경영건설턴트 ▷ 편집자 ▷ 건축기사 ▷ 컴퓨터전문가 ▷ 변호사 ▷ 심리학자 ▷ 연구조수 ▷ 소방 관리자 ▷ 순수 예술가 ▷ 회계감사원 ▷ 사회과학자 ▷ 화학과학자
ENFJ	▶ 사제직 ▶ 종교교육 지도자 ▶ 목사 ▶ 배우 ▶ 검안사 ▶ 보건교사 ▶ 가정경제학자 ▶ 순수 예술가 ▶ 교수 ▶ 미술, 연극 교사 ▶ 영어교사 ▶ 음악가 ▶ 행정가 ▶ 상담가 ▶ 디자이너 ▶ 간호교육자 ▶ 아동보육종사 자 ▶ 교사 ▶ 정신과 의사 ▶ 약사 ▶ 작가 또는 언론인 ▶ 심리학자 ▶ 요식업 ▶ 교육행정가 ▶ 유치원교사 ▶ 사회과학자 ▶ 물리치료사 ▶ 학생지도 행정가 ▶ 종교 수도회	▷ 음식점 점원 ▷ 농부 ▷ 사회복지사 ▷ 학교 운전 기사 ▷ 관리인 ▷ 광부 ▷ 회사중역 ▷ 철강노동자 ▷ 경찰관 ▷ 보호관찰직원 ▷ 장교, 사병 ▷ 건설노동자 ▷ 의료비서
ENTJ	▶ 경영건설턴트 ▶ 변호사 ▶ 판매관리자 ▶ 학교장 ▶ 회사중역 ▶ 마케팅 전문가 ▶ 과학자 ▶ 행정부 ▶ 노사관계 활동가 ▶ 보건 행정가 ▶ 치과의사 ▶ 사회복지 종사자 ▶ 연구조수 ▶ 심리학자 ▶ 의사 ▶ 사회과학자 ▶ 회계 감사원 ▶ 교수 ▶ 독서 교사 ▶ 회계사 ▶ 디자이너 ▶ 변호사 ▶ 교육행정 ▶ 사진사 ▶ 컴퓨터 프로그래머 ▶ 순수 예술가 ▶ 전기 엔지니어 ▶ 의사(일반의) ▶ 영어교사 ▶ 정부 관리자 ▶ 학교행정가 ▶ 간호 건설턴트	▷ 형사 ▷ 종교교육 지도자 ▷ 사무관리자 ▷ 경호원 ▷ 학교 버스 기사 ▷ 타자수 ▷ 요식업 ▷ 헤어드레서 ▷ 물리치료사 ▷ 현금출납원 ▷ 신부 ▷ 소방 관리자 ▷ 요리사 ▷ 언론인 ▷ 아동보육 종사자

내 유형을 찾아서

학교		학년		이름	

16가지 유형 탐색	
내가 생각하는 유형	
점수상의 유형	
두 유형에 대한 탐색	

네 유형에서	
내 성격유형에서 마음에 드는 점	
내 성격유형에서 마음에 안 드는 점	

내 성격유형에서 본 나의 장점

내 성격유형에 맞는 직업탐색

6차시	내 관점 바꾸기		
학습 목표	▪ 관점 바꾸기를 통해 나에 대한 고정관념을 바꾼다. ▪ 관점 바꾸기를 통해 나의 새로운 장점을 발견한다.	영역	진로
지도 과정	지도 요소	지도내용	시간 (분)	자료 및 참고사항
시작 부분	▪동기유발	그림을 통해 관점에 대한 흥미를 불러 모은다.	5	
중간 부분	▪발표하기	발표를 통해 학생들의 자기 자신에 대한 고정관념 또는 단점이라고 생각하는 성격 및 행동 특성을 생각해 보도록 한다.	10	보기자료 활동자료
		보기자료를 나누어 주고 보기자료에 나와 있는 그림들을 살펴보며 보는 관점에 따라서 그림이 완전히 다른 내용의 그림으로 바뀔 수 있다는 것을 직접 체험하게 하여 관점의 변화가 중요한 것임을 깨닫게 해 준다.	5	
	▪활동하기	활동자료 "나에 대한 재발견"을 나누어 주고 자신에 대한 관점 바꾸기를 예시를 통해 직접 작성해 볼 수 있도록 한다. 그러면서 자신에 대한 새로운 장점을 발견할 수 있도록 한다.	10	
	▪발표하기	친구들의 발표를 들으면서 친구들의 단점들이 어떤 장점들로 변화될 수 있는지 확인해 보고 서로에게 긍정적인 피드백을 줄 수 있도록 한다.	15	
마무리	▪평가 및 정리	자신의 단점이 관점의 변화에 의해 새로운 장점으로 바뀔 수 있음을 알고 자신감과 성취동기를 가질 수 있도록 격려한다.	5	

무엇이 보이나요? 그림들을 달리 보아요

그림출처 — httP://blog.daum.net/red8504/11969326

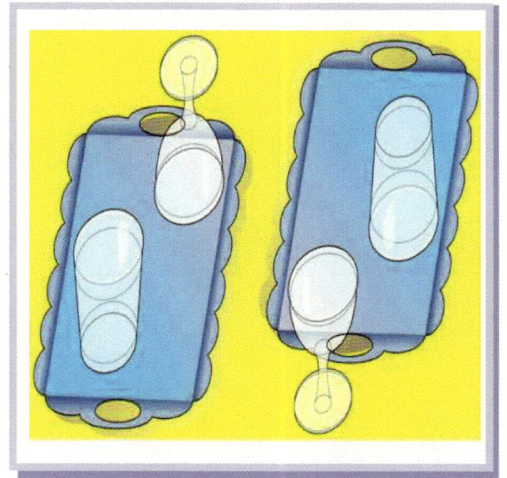

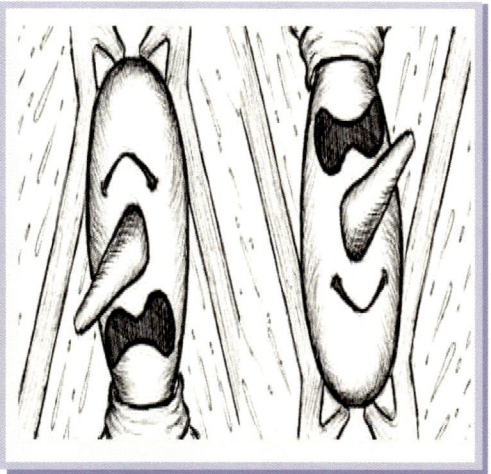

⇒같은 그림 다른 느낌의 그림들입니다. 한 방향으로만 보던 관점을 바꿔 다른 방향으로 놓고 보면 정반대의 그림이 됩니다. 자신에 대한 편견과 고 정관념도 이렇게 바꾸어 보면 어떨까요?

나에 대한 재발견

1. 게으르다.		1. 여유만만하다.
2. 인색하다.		2. 경제관념이 있다.
3. 괴짜다.	관점변화 →	3. 독창적이다.
4. 소심하다.		4. 치밀하고 세심하다.
5. 집착이 강하다.		5. 한 우물을 팔 수 있다.
6. 수다스럽다.		6. 사교성이 있고 발랄하다.
7. 침착하지 못하다.		7. 발놀림이 민첩하다.

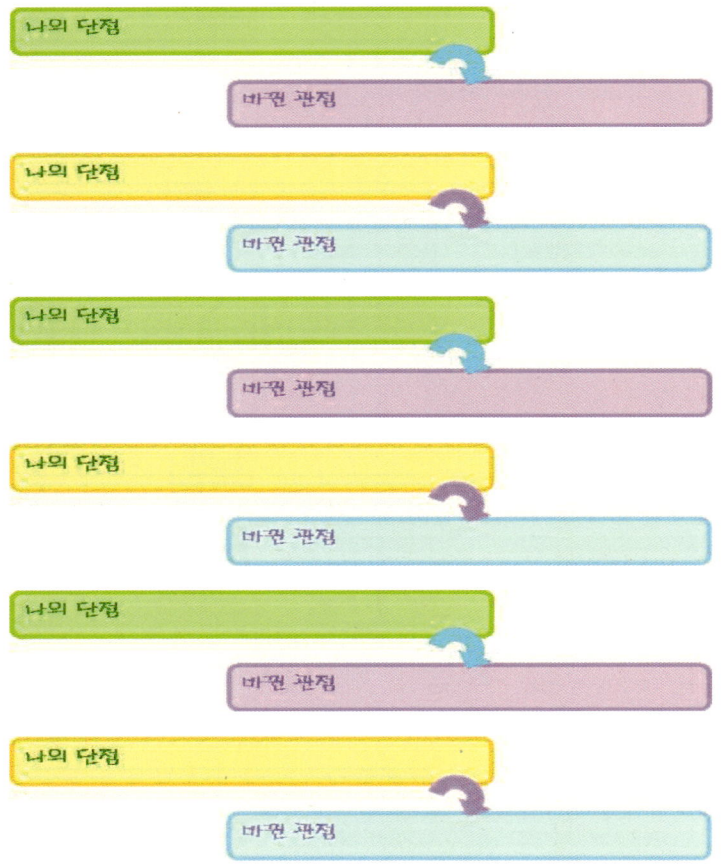

나의 단점

바뀐 관점

나의 단점

바뀐 관점

나의 단점

바뀐 관점

나의 단점

바뀐 관점

나의 단점

바뀐 관점

나의 단점

바뀐 관점

What DO I WANT TO DO ?

1 흥미에 대한 이해의 시간

2 적성에 대한 이해의 시간

3 교과목과 직업탐색의 시간

4 계열이해의 시간

5 스트롱으로 객관적 진로 탐색하기

7차시	흥미에 대한 이해의 시간		

학습 목표	▪ 흥미에 대한 정확한 의미를 파악 ▪ 활동을 통해 자신의 흥미를 찾아보기		영역	진로
지도 과정	지도 요소	지도내용	시간 (분)	자료 및 참고사항
시작 부분	▪동기유발	학생들의 흥미가 무엇인지 질문을 통해 발표하게 한다.	5	
중간 부분	▪발표하기	보기자료를 나누어 주고 흥미에 대한 사전적 의미와 스트롱에 의한 정의와 흥미가 진로를 선택하는 데 있어서 왜 중요한지 함께 이야기 나눈다.	5	보기자료
	▪활동하기	학생들이 진로탐색에 있어서 흥미가 왜 중요한 지를 알게 한 다음 활동자료 "직업에 대한 흥미"와 "나의 흥미 발견하기"를 나누어 준다. 각 문항에 응답하면서 작성하기 전 반드시 신중하게 생각을 한 다음 부모님의 기대가 아닌 자신에 대한 내면탐색을 통해 활동자료를 기록하도록 한다.	15	활동자료
	▪발표하기	활동자료가 작성되고 나면 각자 돌아가며 자신의 흥미탐색에 관한 발표를 하고 활동자료에 기록되어 있는 직업에 대해서도 발표하면서 다른 친구들의 흥미에 대해서도 경청하도록 한다.	15	
	▪피드백 주기	발표가 끝나고 나면 옆에 있는 친구들과 함께 서로에 대한 피드백을 해 주면서 정리하도록 한다.	5	
	▪주의사항	*교사는 이때 교실이 소란스러워지거나 장난이 되지 않도록 잘 지도한다.		
마무리	▪평가 및 정리	흥미에 대한 정확한 의미를 다시 한 번 인식하도록 하고 흥미탐색을 통해 알게 된 자신의 직업세계를 기억하도록 한다.	5	

흥미에 대한 이해

1 '내가 즐기는 것'과 '내가 잘하는 것'

'흥미'의 사전적 의미는 어떤 대상에 대하여 특별히 주의하려고 하는 감정, 경향 혹은 태도라고 표현된다. 즉 어떤 활동에 대해 능력이나 기술 유무에 상관없이 개인이 관심 있어 하고, 좋아하는 것을 말한다. 억대 연봉을 받고, 성공한 야구선수로서의 삶을 살 수 있었지만 자신이 좋아하는 음악을 하기 위해 록커로 변신한 이상훈 선수는 본인의 '흥미'에 따라 진로를 선택한 좋은 예라고 할 수 있다.

2 스트롱에 의한 흥미의 정의

특정한 대상에 관심을 쏟고 열중하려는 경향

- 그 대상에 대한 지속적인 관심
- 좋아하는 느낌(Feeling of like)
- 방향(Direction)
- 활동(Activity)   + 강도 & 지속기간

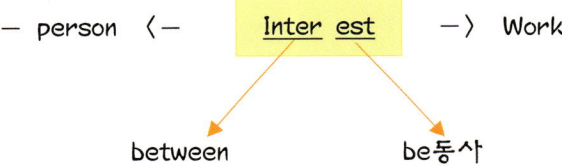

— person 〈 — **Inter est** — 〉 Work

between   be동사

3 진로를 선택할 때 흥미가 중요한 이유

사람들이 행복한 삶을 살아가는 데 가장 중요한 조건 중의 하나는 바로 자신이 하는 일에 대해 만족해하는 것이라고 한다. 따라서 여러분이 미래에 행복한 삶을 원한다면 정말 자신이 즐겁고 재미있어 하는 것이 무엇인지를 알고, 이를 준비하는 노력이 우선적으로 필요한 것이다. 자신의 진로선택에서 흥미 있어 하는 것을 직업으로 가지게 된다면 즐겁게 일할 수 있을 뿐만 아니라 일에 대한 보람과 함께 자아실현에 많은 도움을 줄 수 있다.

직업에 대한 흥미

왼쪽에 있는 직업에 대하여 잘 생각해 보면서 오른쪽에 있는 숫자 위에 ○표를 하세요. 매우 좋아하면 5, 좋아하면 4, 관심 없으면 3, 싫어하면 2, 매우 싫어하면 1 위에 ○표 하세요. 그러고 나서 여섯 가지 흥미에 관한 합계를 각각 계산하여 순서를 정하여 자신의 진로 흥미를 알아보세요.

학교		학년		이름	

현실적 흥미	
직업	흥미
소방대원	5 4 3 2 1
엔지니어	5 4 3 2 1
경찰관	5 4 3 2 1
목수	5 4 3 2 1
농부	5 4 3 2 1
농업교사	5 4 3 2 1
피아노 조율사	5 4 3 2 1
운동코치	5 4 3 2 1
항공정비사	5 4 3 2 1
자동차수리사	5 4 3 2 1
합계	

탐구적 흥미	
직업	흥미
과학자	5 4 3 2 1
발명가	5 4 3 2 1
의사	5 4 3 2 1
물리학자	5 4 3 2 1
수학자	5 4 3 2 1
약사	5 4 3 2 1
천문학자	5 4 3 2 1
지질학자	5 4 3 2 1
수학교사	5 4 3 2 1
생물학자	5 4 3 2 1
합계	

예술적 흥미	
직업	흥미
화가	5 4 3 2 1
연예인	5 4 3 2 1
사진사	5 4 3 2 1
디자이너	5 4 3 2 1
예술가	5 4 3 2 1
만화가	5 4 3 2 1
무용가	5 4 3 2 1
음악가	5 4 3 2 1
조각가	5 4 3 2 1
큐레이터	5 4 3 2 1
합계	

사회적 흥미	
직업	흥미
상담사	5 4 3 2 1
성직자	5 4 3 2 1
유치원교사	5 4 3 2 1
초, 중, 고 교사	5 4 3 2 1
스튜어디스	5 4 3 2 1
간호사	5 4 3 2 1
레크리에이션강사	5 4 3 2 1
학원강사	5 4 3 2 1
보육교사	5 4 3 2 1
사회복지사	5 4 3 2 1
합계	

진취적 흥미	
직업	흥미
변호사	5 4 3 2 1
광고기획자	5 4 3 2 1
경매업자	5 4 3 2 1
정치인	5 4 3 2 1
아나운서	5 4 3 2 1
사업가	5 4 3 2 1
사회자	5 4 3 2 1
방송연출가	5 4 3 2 1
펀드매니저	5 4 3 2 1
자동차판매원	5 4 3 2 1
합계	

사무적 흥미	
직업	흥미
은행원	5 4 3 2 1
공무원	5 4 3 2 1
회사원	5 4 3 2 1
편집자	5 4 3 2 1
공인회계사	5 4 3 2 1
컴퓨터오퍼레이터	5 4 3 2 1
비서	5 4 3 2 1
사서	5 4 3 2 1
상업교사	5 4 3 2 1
세무사	5 4 3 2 1
합계	

나의 흥미 발견하기

다음을 잘 읽고 자신이 평소에 즐겨 하거나 끌리는 항목에 ○표를 하세요. 기타에는 자신이 추가하고 싶은 항목을 쓰면 됩니다.

구 분	즐겨하는 행동
누군가 돌보기	꼬마들 데리고 놀기( ), 어르신 위문가기( ), 간호( ), 방문객 안내( ), 무엇을 가르치기( ), 봉사활동하기( ), 기타 :_____
누군가 설득하기	봉사단체 조직( ), 토론하기( ), 단체의 대표로 나가기( ), 신문 사설 등의 논쟁에 참여( ), 각종 모임에 참여. 기타 :_____
언어구사	시, 소설 쓰기( ), 시, 소설 읽기( ), 기사 작성( ), 문학 서적 읽기 ( ), 외국어 사용( ), 출판물 편집( ), 기타 :_____
수학, 과학 공부하기	수학 공부( ), 물리 공부( ), 생물 공부( ), 천체와 별 관찰( ), 자연 관찰( ), 지구과학 공부( ). 기타 :_____
경제 챙기기	용돈으로 재테크 계획( ), 용돈 계획 세우기( ), 돈 관리( ), 통장 정리( ), 절약하기( ), 신문의 경제면 읽기( ), 기타 :_____
도구 들고 일하기	TV등 수리( ), 전구 갈아 끼우기( ), 레고 등 조립하기( ), DIY 가구 만들기( ), 장난감 변형하기( ), 기타 :_____
재료 갖고 일하기	가구 색칠하기 ( ), 텃밭 가꾸기( ), 음식 만들기( ), 채소 재배( ), 바느질하기( ), 점토 만들기( ), 뜨개질 하기( ), 기타 :_____
예술 활동하기	피아노연주( ), 음악 감상( ), 도자기 만들기( ), 무용하기( ), 작곡 하기( ), 그림 그리기( ), 사진 찍기( ) 기타 :_____
실내를 벗어난 일	축구( ), 여행( ), 암벽타기( ), 자전거 타기( ), 야구경기장가기( ), 유적지탐방( ) 드라이브( ), 기타 :_____

1. 자신의 흥미가 많이 나타난 활동분야는 무엇인지 적어 보세요.	
2. 자신이 즐겨하는 행동의 활동분야와 관련된 직업을 적어 보세요.	
3. 자신의 흥미에 대한 느낌을 적어보세요.	

적성에 대한 이해의 시간

학습 목표	▪ 적성에 대한 정확한 의미를 파악한다. ▪ 활동을 통해 자신의 적성을 찾아 직업을 탐색한다.		영역	진로
지도 과정	지도 요소	지도내용	시간 (분)	자료 및 참고사항
시작 부분	학습목표 제시	학생들의 적성이 무엇인지 질문을 통해 발표하게 한다.	5	
중간 부분	▪발표하기	보기자료를 나누어 주고 적성에 대한 사전적 의미와 적성의 역할과 적성이 진로를 선택하는 데 있어서 왜 중요한지에 대해 함께 이야기 나눈다.	5	보기자료
	▪활동하기	학생들이 진로탐색에 있어서 적성이 왜 중요한지를 알게 한 다음 활동자료 "적성 찾아보기"를 나누어 준다. 각 문항에 응답하면서 작성하기 전 반드시 신중하게 생각을 한 다음 자신에 대한 내면탐색을 통해 활동자료를 기록하도록 한다.	15	활동자료
	▪발표하기	활동자료가 작성되고 나면 각자 돌아가며 자신의 적성탐색에 관한 발표를 하고 활동자료에 기록되어 있는 직업에 대해서도 발표하면서 다른 친구들의 적성에 대해서도 경청하도록 한다.	15	
	▪피드백 주기	발표가 끝나고 나면 옆에 있는 친구들과 함께 서로에 대한 피드백을 해 주면서 정리하도록 한다.	10	
	▪주의사항	*교사는 이때 교실이 소란스러워지거나 장난이 되지 않도록 잘 지도한다.		
마무리	▪평가 및 정리	적성에 대한 정확한 의미를 다시 한 번 인식하도록 하고 적성탐색을 통해 알게 된 자신의 직업세계를 기억하도록 한다.	5	

 # 나의 적성 발견하기

1 '적성'의 의미

'적성'의 사전적 의미는 직업이나 전문 분야에 알맞은 개인의 적합한 특성을 의미합니다. 즉 특정한 작업에 대해 수행할 수 있는 능력을 말한다. 이상훈 선수는 야구라는 스포츠가 분명 자신의 능력을 한껏 발휘할 수 있기에 적성에 맞는 직업일 것이다. 적성에 맞는 직업이란 자신의 '능력'을 잘 발휘할 수 있는 직업을 의미한다.

2 진로를 선택할 때 적성이 중요한 이유

> 사람마다 상대적으로 잘하는 분야, 또는 좀 더 쉽게 배울 수 있는 분야를 적성이라고 한다. 적성에 맞는 진로를 택하면 그만큼 빨리 배우고 능력을 발휘할 수 있을 테니까 성공할 가능성도 높다고 말할 수 있다.

⇒ **직업을 선택할 때는 흥미와 적성 모두를 고려해야 한다.**

흥미만 있어서는 직업생활에서 능력을 발휘하여 인정을 받기가 힘들고, 직장에서 인정을 받지 못하면 흥미가 떨어지기도 한다. 반대로 적성만 있어서는 만족스러운 직업생활을 하기가 힘들 것이다. 잘할 수는 있지만 하기가 싫다면 시간도 덜 투자하게 되고, 능력을 계발하는 데도 소홀해지기 때문이다.

적성유형과 관련된 직업

적성유형	의 미	관련 직업
일반 적성 능력	지시사항, 사실, 원리를 추리하고 응용하는 능력, 복잡한 자료나 기초를 학습하고 암기하는 일반 학습 능력	자연과학, 사회과학 분야의 직업
언어 능력	정확한 의사소통을 위한 문장의 뜻을 이해하고 정보나 자기 생각을 표현하는 능력	사회과학연구가, 평론가, 논설위원
수리 능력	정확하고 빠르게 계산하는 능력	사무계통의 직업, 경리원, 회계원, 사무원
사무 지각 능력	유인물, 괘도, 표 등에서 문자나 기호를 정확하고 신속하게 식별하는 능력	컴퓨터 프로그래머, 경리, 서기, 전화교환 등
공간 지각 능력	입체적 공간관계를 이해하는 능력으로 실제 물체를 회전 또는 분해했을 때의 형태를 상상하는 능력	제도, 설계, 건축, 미술, 가구 등 제도에서 재단까지 입체 구성 능력을 요구하는 직업
형태 지각 능력	물체나 도면을 비교 판별하여 형태나 명암의 차이를 알아볼 수 있는 능력	사진 제판, 제도 등의 사무 분야, 도안, 디자인 등의 응용 미술 분야
운동 조절 능력	눈과 손 또는 손가락을 함께 움직여 빠르고 정확하게 반응하는 능력	타자, 속기사, 외과수술, 치과 치료작업, 전자, 전기, 인쇄 등의 세공, 운동선수
손가락 재능	손가락을 사용하여 작은 물체들을 신속하고 정확하게 다루는 능력	인쇄기능직, 정밀기계, 광학 등의 조립직, 악기연주, 공예 작업 관련 예능 분야
손재능	물체를 옮겨 놓거나 돌리는 손작업을 하기 위해 손을 기능적이고 숙련되게 움직이는 능력	운전직, 악단 지휘, 기계 금속 부품 제작, 기타 신체적 작업의 직업
기계 추리력	각종 기계 기구 및 물리학적 원리를 이해하고 추리하는 능력	토목기계수리기술자, 기계 조립기술자, 각종 이공학 시설 분야 및 공장 기술자
척도 해석 능력	척도, 그래프, 차트, 계기 등을 신속하고 정확하게 읽는 능력	이공학, 화학, 수학, 의학 등의 분야, 실업 및 기술 분야에서 요구되는 직업

적성 찾아보기

학교		학년		이름	

나의 적성 찾기

1 스스로 잘한다고 여기거나 재주가 있다고 생각되는 활동이나 내용을 10가지 구체적으로 적어 보세요. 하고 싶은 것이 아닌 잘하는 활동이에요.

2 부모님이나 형제, 선생님, 친구 등 자신을 잘 아는 사람들로부터 잘한다고 칭찬받았던 활동에는 어떤 것들이 있는지 구체적으로 적어 보세요.

3 위 활동들을 보기자료의 11가지 적성 유형에 따라 구분해 봅시다. 어떤 유형의 적성들이 나타났나요?

4 위 활동들을 보기자료의 11가지 적성 유형에 따라 구분해 봅시다. 어떤 유형의 적성들이 나타났나요?

5 나의 적성과 관련이 있는 교과와 직업에 대해 적어 봅시다.

6 나의 적성과 내가 원하는 직업이 일치하나요? 만약 아니라면 어떻게 해야 할까요?

9차시 교과와 직업탐색의 시간

학습 목표	• 좋아하는 과목과 싫어하는 과목을 파악한다. • 과목에 관련된 직업을 탐색한다.		진로
지도 과정	지도 요소	지도내용	자료 및 참고사항
시작 부분	• 동기유발	좋아하는 교과목에 따른 직업탐색이 가능함을 알려준다. 3	
중간 부분	• 교과탐색	평소에 자신이 좋아했던 교과와 싫어했던 교과에 대해 깊이 있는 탐색이 이루어질 수 있도록 생각할 시간을 준다. 5	
	• 직업탐색	좋아하는 교과와 싫어하는 교과에 특별한 이유가 있는지 이유를 탐색해 보게 한다. 5	
		좋아하고 싫어하는 교과에 관련된 직업들을 보기자료를 통해 살펴보고 확인해 본다. 5	보기자료
	• 활동하기	활동자료 "교과와 관련된 직업 찾기"를 나누어 주고 생각하고 탐색했던 내용들을 활동자료에 기록해 보게 한다. 10	활동자료
	• 직업탐색	좋아하는 교과와 싫어하는 교과에 관련된 직업들에 대해 탐색해 보며 지난 시간 흥미와 적성에 관련된 직업탐색에서 나온 직업들과 어떤 관련이 있는지 확인해 본다. 5	
	• 발표 및 이유탐색	활동자료가 정리되면 발표시간을 통해 자신이 탐색했던 교과목과 관련된 직업들을 친구들에게 소개하고 탐색했던 직업과 교과와 관련된 직업이 다르게 나왔다면 그 이유에 대해서도 이야기해 보게 한다. 15	
마무리	• 평가 및 정리	좀 더 정확한 설명과 탐색이 필요한 학생에게 심도 있는 상담이 주어질 수 있다는 것을 알려준다. 2	

 교과와 직업탐색

계열	과목	관련 학과	진로
인문 사회	정치경제, 사회문화	정치외교, 법학, 행정, 경제, 경영, 신문방송, 세무, 경찰학 등	정치가, 법조인, 공무원, 회사원, 언론인, 공인회계사, 무역업자, 경영인, 금융인, 세무사, 경찰, 은행원 등
	국사	사학, 철학, 인류학, 고고학, 국사학 등	교수, 교사, 박물관, 미술관, 언론인, 출판인, 작가 등
	사회 지리	지리학, 관광학, 지역사회개발학 등	교수, 교사, 관광업자, 항공 건설업계 등
자연	수학	수학, 전산학, 통계학, 건축설계, 기계설계, 정보학, 공학계 학과, 천문기상 등	수학자, 전산인, 건축사, 수학교사, 통계학자, 엔지니어 등
	물리	물리학, 기계, 전자, 전기, 산업공, 건축, 조선, 항공, 반도체공학, 광학, 원자력 등	물리학자, 엔지니어, 건축가, 연구원, 조종사, 전산인 등
	화학	화학, 화공학, 환경공학, 재료공학, 자원공학, 금속공학 등	엔지니어, 광업계, 화공업계, 석유화학업계, 제철, 금속업 등
	생물	생물학, 의예, 한의예, 간호학, 보건학, 약학, 수의학 등	의사, 한의사, 치과의사, 간호사, 임상병리사, 물리요법사, 약사, 수의사 등
	지구과학	천문기상학, 지학과, 지질학 등	교수, 교사, 천문인, 기상인, 항공계 등
	기술	공학계열	엔지니어, 연구원 등
예·체능	음악	성악과, 기악과 등	성악가, 작곡가, 지휘자, 교사, 교수, 평론가, 오케스트라단원, 합창단원, 피아노조율사, 개인지도강사, 레크리에이션 지도자, 분장사, 레코드관련 직업, DJ 등
	미술	서양학과, 동양학과, 조소과, 사진학과 등	화가, 조각가, 서예가, 평론가, 교사, 교수, 광고업자, 분석감정원, 실내장식가, 패션디자이너, 차트사, 구성·도안원, 공예가, 사진, 판화 관련직, 무대설계사 등
	체육	체육학과	교사, 교수, 운동선수, 코치, 심판, 감독, 스포츠과학자, 물리치료사, 지압치료사, 해설원, 모델, 공중보건기사, 생활스포츠 관련 사업가, 언어 및 청각 교정인, 아나운서, 레크리에이션 지도자 등

 # 교과와 관련된 직업 찾기

학교		학년		이름	

교과와 직업탐색

1 내가 평소에 좋아하고 흥미가 있는 교과와 그 교과 관련 직업은 무엇인가요?

3 내가 평소에 싫어하고 흥미가 없는 교과와 그 교과 관련 직업은 무엇인가요?

2 그 이유는 무엇인가요?

4 그 이유는 무엇인가요?

5 지금까지 탐색했던 직업들과 다르다면 어떻게 다르며 또 어떻게 해야 하나요?

계열이해의 시간

학습 목표	▪ 계열에 대한 정확한 이해를 할 수 있다. ▪ 그 계열에 대한 정확한 특성을 파악한다.		영역	진로
지도 과정	지도 요소	지도내용		자료 및 참고사항
시작 부분	▪동기유발	계열이 무엇인지 학생들에 질문을 통해 호기심을 유발한다.	3	
중간 부분	▪사전점검	선택 가능한 계열에는 어떤 것들이 있나 질문을 통해 학생들의 수준을 파악한다.	5	보기자료
	▪설명하기	계열에는 어떤 것들이 있으며 그 특성들을 비교해 보도록 보기자료를 나누어 주고 이해할 수 있도록 설명해 준다.	5	
	▪발표하기	자연계열, 인문·사회계열, 예·체능계열에 속하는 직업에 대해 학생들의 질문과 발표를 통해 서로 이해할 수 있는 시간을 갖는다.	5	
	▪활동하기	서로의 질문과 발표를 통해 계열에 대한 정확한 이해와 각 계열에 속하는 직업들에 대한 탐색을 한 뒤 학생들이 보기자료를 충분히 숙지하고 활동자료 "계열 선택해 보기"를 기록하도록 한다.	15	활동자료
	▪발표하기	기록한 활동자료를 이용해 자신의 계열에 대한 이해가 되었는지 확인하고 자신이 원하는 계열과 그 계열의 특성과 그 계열의 관련된 직업들을 발표한다.	10	
		서로를 위한 피드백이 될 수 있는 시간을 준다.	5	소란해지지 않도록 주의한다.
마무리	▪평가 및 정리	좀 더 정확한 설명과 탐색이 필요한 학생에게 심도 있는 상담이 주어질 수 있다는 것을 알려준다.	2	

계열별 특성 이해

고등학교계열을 선택하는 데 있어 자연계, 인문계, 예체능계를 생각할 수 있는데, 이때 중요한 것은 성적만 가지고 결정하려 한다거나 잘하거나 못하는 과목 한두 개만을 생각해서 결정해서는 안 된다는 것이다. 고등학교계열, 나아가 대학교의 학과와 직업선택이 후회가 없이 만족스럽게 이루어지려면, 자기 인생에 대한 장기적인 안목을 갖고 진지하게 진로에 대해 생각하는 과정이 먼저 필요하다.

	자연계열	인문·사회계열	예·체능계열
일반적 특성	논리적이고 분석적인 경향	부분보다 전체적인 종합 중시	선천적 재능을 중시하고, 취미를 발전시켜 직업화하려는 경향
계열별 성향	모든 대상물을 수치와 연계해서 보려는 경향, 정확한 객관적 표현, 대상물에 대한 기능적 측면과 구조적 요인을 중시	어떤 사실이나 현상 속에 담겨진 내면의 의미를 추구	인간 내면의 심미성과 인체의 기능 개발을 추구
교육과정 측면	순수기초과학응용공학들로 구성되며, 실험 실습시간이 많이 포함되어 있고, 졸업 후 전공 분야와 밀접한 관계가 있음	상경, 사범, 법과계열은 졸업 후 전공 분야와 합치되는 경우도 많지만 대부분은 그렇지 않음	체육, 음악, 미술, 연극(영화) 등으로 전문 분야의 기초지식을 갖추고 실제 능력배양시간 확보
수업 방법	탐구방법은 개인학습 또는 실험, 실습 등이 특징임	학문 탐구자들의 상호 작용을 적극 권장하며, 각 개인의 독특한 창조력, 사회적 기능, 문제해결능력 등의 배양이 강조됨	개인능력에 부합되는 이론 및 실습 학습
학문 탐구자세	모든 사물에 대한 본질과 법칙을 파헤쳐 새로운 발견을 창출하려는 끈질긴 인내심이 절대적으로 필요	풍부한 경험과 인간의 감성을 중시하며, 개인의 다양한 가치관이나 철학적 개별성에 대한 변화무쌍한 해석 및 규명을 내리려는 노력	기능적 능력 배양에 중점을 두고 개성과 창의성을 발휘하여 단순한 취미 정도가 아닌 평생의 업으로 하겠다는 각오와 예술적 사명감이 요청됨

82

계열 선택 시 고려할 사항들

우선 개방적인 생각을 가지고 여러 방안을 생각해야 한다. 마음속으로 미리 어떤 과정을 결정하겠다고 생각하고 있다면 그 과정의 장점만 부각되고 다른 과정의 좋은 점은 잘 보이지 않는다. 선택에 앞서서 여러 과정의 장단점을 열린 마음을 가지고 면밀히 관찰해야 한다.

심리검사는 매우 중요한 참고자료이지만 심리검사의 결과에만 너무 의지하지는 말아야 한다. 심리검사를 통해 자신의 흥미, 적성을 탐색하여 계열선택을 하되, 심리검사에만 의존하여 선택하지 말고 나를 오래 관찰해 온 부모님, 교사, 친지들의 의견을 듣고, 자신의 과거 생활을 돌아봄으로써 자신에 대한 객관적 안목을 가져야 한다.

한두 교과의 성적에 좌우되어서는 안 된다. 가령 수학 성적이 저조하다고 해서 자연계열을 피하거나, 국어나 사회 과목 성적이 좋다고 무조건 인문, 사회계열로 가야 할 이유는 없다. 자신의 생애 설계에 바탕을 두고 결정해야 한다.

미래 지향적인 선택을 하여야 한다. 적성검사 결과나 일부교과의 성적이 자신의 장래희망과 맞지 않는다고 자기의 생애 설계를 포기해서는 안 된다. 필요한 교과의 성적을 높이려는 적극적인 자세로 자신의 삶을 개척해야 한다.

대학계열과 관련 학과 알아보기

1 인문·사회계열의 지원 가능 학과

계열	소계열	학과	관련 직업
어문	어문학	국어국문, 한문, 중어중문, 일어일문, 영어영문, 불어불문, 독어독문, 서어서문, 노어노문, 문예창작	언론·출판계·교사·학자·평론가
	어학	영어, 독어, 불어, 중어, 일어, 서반아어, 이태리어, 포르투갈어, 노어, 스웨덴어, 아랍어, 인도어, 태국어, 헝가리어, 루마니아어 등	외교관·무역회사·통역관·출판계·교사·교수·은행원·해외 방송
	외국학	아세아, 중국, 일본, 미국, 프랑스, 러시아, 독일	
인문	사학	역사, 국사, 한국사, 동양사, 서양사, 민속, 문화재, 고고미술사	연구소·언론인·행정계·경제계·상담소·교수·교사
	철학	철학, 한국철학, 동양철학, 인도철학, 종교철학	
	심리	심리, 산업심리, 교육심리	
	인류	인류, 고고학, 고고인류, 문화인류	
	윤리	국민윤리	
	종교	신학, 기독교, 원불교, 불교, 종교, 해외선교, 승가유학	성직자
법정	법학	법학, 공법, 사법, 해상법	법조계·공무원·금융·기업·학계
	행정	행정, 경찰행정, 도시행정, 자치행정, 지역개발	
	정치외교	정치외교, 정치, 외교	공무원·정치계·외교관·언론계·교수
경상	경제	경제, 소비자경제, 산업경제, 자원경제, 지역경제, 농경제	학계·관계·외교관·금융계·언론계·회사원·경영자·공무원·항만
	무역	무역, 국제경제, 해양무역, 국제관계	
	경영	경영, 회계, 경영정보, 정보관리, 보험경영, 공업경영, 세무, 항공경영, 금융보험, 수산경영, 해운경영	
	회계		
사회	관광	관광경영, 호텔경영, 관광개발, 관광, 관광행정	연구소·회사원·교수·공무원·언론계·학자·소비자 센터·통역안내·감정원·사서 요원·여행사
	토지	지적, 토지행정, 부동산	
	신문방송	신문, 신문방송, 광고홍보	
	사회	사회, 사회복지, 사회산업, 산업복지, 불교사회복지	
	정보관리	도서관, 문헌정보, 정보처리, 산업정보	
	기타	비서, 지리, 교정	

2 인문·사회계열 지원 가능 사범대학

계열	소계열	학과	관련 직업
교육	교육	교육, 교육공학, 교육심리	교사·교수·연구기관·종교계·기술자·기업체·언론계
	특수	특수교육, 초등특수교육, 치료특수교육	
	아동	유아교육, 초등교육	
	어학	국어교육, 외국어교육, 불어교육, 독어교육, 일어교육, 한문 교육	
	사회	일반사회교육, 국사교육, 역사교육, 지리교육, 국민윤리교육	
	종교	기독교교육, 종교교육	
	기타	도서관교육	

3 자연계열의 지원 가능 사범대학

계 열	소계열	학 과	관련 직업
교육	수 학	수학교육	교사·교수·연구기관·기술자·기업체·언론계
	과 학	과학교육, 물리교육, 화학교육, 생물교육, 지구과학교육	
	실 업	기술교육, 수산교육, 가정교육, 농업교육, 상업교육	
	공 학	건축공학교육, 공업화학교육, 금속공학교육, 토목공학과 기계공학교육, 전기공학교육, 전자공학교육	

4 자연계열의 지원 가능학과

계 열	소계열	학 과	관련 직업
이학	수 학	수학, 응용수학	교육계·기업체공무원·연구소·전자 계산소·과학원·교수·교사·제약회사·식품회사
	통 계	통계, 전산통계, 응용통계, 계산통계	
	전 산	전산과학, 전산계산, 정보과학	
	물 리	물리, 응용물리, 물리과학	
	화 학	화학, 생화학	
	생 물	생물, 미생물, 응용미생물, 분자생물, 생물공학, 생명과학, 자원식물, 유전공학	
	지 질	지질, 응용지질, 지질과학, 지구물리, 지구해양	
	천 문	천문, 천문기상, 우주과학, 대기과학, 천문우주과학, 천문대기	
의학	의 학	의예, 치의예, 한의예, 간호	의사·약사·간호사·교수·연구·보건소·종합병원·의료기기 전문
	약 학	약학, 제약, 위생제약, 한약재료, 한약자원	
	보 건	보건, 환경보건, 보건행정, 임상병리, 재활학, 물리치료, 심리치료, 직업생활, 언어치료, 보건경제, 공중보건, 응용전자공학, 의학공학, 환경과학, 환경학, 환경보호, 건강관리	
공학	건 축	건축공학, 건축설비, 실내건축	과학자·건축설계사·기술자·기업체·연구소·학계·교수·교사·공무원
	토 목	토목공, 도시공, 도시계획공, 환경공, 교통공	
	기 계	기계공, 정밀기계공, 기계설계, 생산기계공, 냉동공	
	조선선박	조선공, 선박공, 선박기계공, 선박해양공	

계열	소계열	학 과	관련 직업
공 학	화학공	화학공, 공업화학, 정밀화학, 고분자공, 섬유공, 염색공	연구원·교수·기업체직원·벤처기업가·엔지니어
	재 료	재료공, 금속공, 금속재료공, 무기재료공, 요업공, 전자재료공	
	전 기	전기공, 전기제어공	
	전 자	전자공, 반도체공, 전자전기공, 전자제어공, 자동화공, 응용전자공, 제어계측공, 회로 및 시스템공	
	컴퓨터	전자계산기공, 전자계산공, 전산공, 전자전산공, 컴퓨터공, 정보공, 전산기공, 전산정보	
	항 공	항공전자공, 항공운항, 항공기계공, 항공통신정보, 항공우주공, 항공관리, 항공재료공학, 우주항공	
	원 자	원자력공, 원자핵공, 에너지공	
	통 신	통신공, 전자통신공, 정보통신공	
	자 원	자원공, 국제자원개발	
	종합공학	산업공, 생산공, 산업안전공	
농 학	농축산	농학, 열대농, 임학, 삼림경영, 축산, 축산경영, 사료영양, 농생물, 식량자원, 작물육종, 사료, 견섬유, 천연섬유, 산림자원	농림업관계연구소·교수·공무원·식품회사·축산업·기업체
	농 공	농공, 농업기계공, 임산공, 제지공	
	조경원예	조경, 화훼, 원예, 원예육종, 환경조경, 관광조경, 환경녹지	
	농화학	농화학, 식품공, 식품가공, 임산가공, 축산가공, 발효공, 식량공	
	기 타	농업교육과(농촌지도전공), 농가정, 연초	
	수의학	수의학	수의사·교수
수산 해양	어로양식	어업, 증식, 양식, 수자원개발, 수족병리, 해양생물	수산업계·해운업계·연구소
	항해기관	항해, 항만운항공, 기관, 기관공	
	해 양	해양공, 해양과학, 해양개발, 해양, 해양토목공, 해양환경공, 해양정보공, 지구해양	
가 정	가 정	가정, 가정관리, 소비자아동, 주생활	교수·유아교사·사회복지원·교사·영양사·디자이너·소비자보호센터
	식품영양	영양, 식품영양, 식품과학, 식생활	
	의 류	의류, 의상, 의류직물, 의생활	
	아 동	아동, 아동복지, 불교아동	

5 예·체능계열 지원 가능학과

계열	소계열	학 과	관련 직업
예·체능	음 악	음악학, 작곡, 기악, 성악, 국악	교사·교수·작곡가·연주자·성악과·탤런트·가수·화가·연출가·카메라맨
	미 술	미술학, 회화, 디자인, 조소, 공예, 응용미술	
	체 육	체육학, 무용학	
	기 타	연극, 영화, 사진	

계열 선택해 보기

🦋 각 계열별로 알고 있는 직업의 종류를 10가지씩 적어 보자.

1) 자연계열에 속하는 직업

2) 인문·사회계열에 속하는 직업

3) 예·체능계열에 속하는 직업

나의 선택 계열	그 계열의 특성

나의 선호 교과	그 교과와 관련된 직업의 공통된 계열

스트롱으로 객관적 진로 탐색하기(2교시분)

학습 목표	▪ 검사를 통한 자신의 유형에 대한 올바른 탐색 ▪ 자신의 유형에 해당하는 직업탐색		영역	진로
지도 과정	지도 요소	지도내용	시간 (분)	자료 및 참고사항
시작 부분	▪동기유발	스트롱 검사를 하게 된 취지를 설명해 준다.	5	
중간 부분	▪활동하기	스트롱 검사에 대한 간단한 오리엔테이션으로 검사에 대한 흥미를 유발한다.	5	검사지
		스트롱 검사지와 답안지를 나누어 주어 정확하고 올바른 검사 실시와 답안지 체크가 될 수 있도록 지도한다.	20	
	▪설명하기	검사가 끝나면 시험지와 답안지를 거두고 다음 시간 유형별 직업탐색활동을 할 수 있도록 6가지 유형에 대한 특성과 직업에 대해 설명해 준다.	20	자료집
	▪탐색하기	(각자의 프로파일을 나누어 준다.) 지난 시간 설명했던 각 유형별 특징과 직업을 확인하고 자신의 프로파일을 살펴본다.	15	
	▪활동하기	활동자료 "검사를 통한 나 이해하기"를 나누어 주고 자신의 프로파일을 보고 잘 기록해 보도록 한다.	15	
	▪탐색하기	자신의 프로파일상에서 나온 검사결과와 지난 시간 활동했던 흥미와 적성유형에서 나온 직업을 비교해 보고 일치하는지 일치하지 않는다면 어떻게 다른지 탐색하게 한다.	15	
마무리	▪평가 및 정리	다음 시간에 하게 될 프로그램을 위해 많은 직업들을 탐색해 보도록 한다.	5	

스트롱 이해하기

1 스트롱 진로성숙도 검사 구성

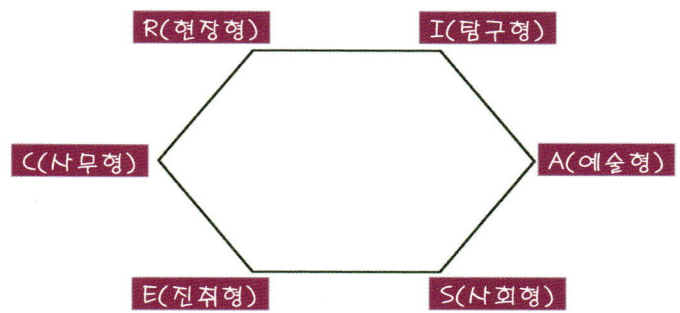

R(현장형)   I(탐구형)
C(사무형)   A(예술형)
E(진취형)   S(사회형)

R 현장형	옥외활동을 선호하며 도구나 연장을 사용하는 기계, 건설, 수리 등의 작업을 좋아하고 등산, 암벽타기 등 모험적인 활동을 즐긴다.	
I 탐구형	분석적이고 논리적인 사고활동을 선호하고 학문적이며 연구활동을 좋아한다.	
A 예술형	예술활동 등을 통해 창의성을 표현하고자 하며 남들과는 다른 특별한 것을 선호한다.	
S 사회형	사람들과 어울리는 것을 좋아하며 타인을 돕고 봉사하는 활동을 선호한다.	
E 진취형	집단이나 조직을 이끄는 것을 좋아하고 논리적인 언변으로 사람들을 설득한다.	
C 사무형	체계적이며 계획적인 활동을 좋아하고 조직적이고 위계가 있는 환경을 선호한다.	

타당도 지수	변별도 지수
좋다/ 싫다/ 보통 등에 응답한 비율이다. ✪긍정 응답률 ✪모호 응답률 ✪부정 응답률	흥미유형 척도 간의 높낮이 차이다. 차이가 6점 이상이면 one-code를 쓴다.

하위척도	
능력	**R I A S E C**
개인특성(능력＋성격)	
활동들(능력, 성격 빼고 나머지)	

2 GOT에 의한 선호 학과 (KPTI 한국심리검사연구소 - 스트롱 진로탐색 활용가이드)

R	I	A	S	E	C
경찰대학	경제학	건축학	가정관리학	경영학	계산통계학
경호학	고고학	고전학	가정학	관광개발학	금융학
교통공학	물리학	공예	간호학	광고학	도서관학
금속공학	미생물학	광고디자인	공중보건학	국제통상학	문헌정보학
기계공학	미학	국문학	노인복지학	도시행정학	비서학
낙농학	사회학	그래픽디자인	물리치료	마케팅학	상업교육
냉동학	생물학	만화영화	사범계열	무역학	세무학
농학	생화학	무용	사회복지학	법학	수학교육
동물지원학	수학	문예창작	사회체육	보험학	안전관리학
사관학교	식품공학	미술교육	사회사업학과	부동산학	재정학
산림과학	약학	미술사	사회학	소비자경제학	전산정보학
산업공학	역사학	사진학	생활체육	신문방송학	정보통신학
소방학	유전학	산업디자인	식품영양학	외교학	정보관리학
수의학	윤리학	상업미술	심리치료학	유통학	정보처리학
식물자원학	의학	섬유디자인	아동복지학	재정학	컴퓨터과학
안전공학	인류학	실내디자인	아동발달학	정치학	컴퓨터교육학
원예학	임상병리학	연극	언어치료학	중소기업학	통계학
의학공학	지구과학	영화학	여성학	지방자치학	회계정보학
자동차공학	지리학	예술학	유아교육	행정학	회계학
전기공학	지질학	외국어	윤리학	호텔경영학	
조경학	천문학	음악	재활치료학	홍보학	
체육학	철학	음악교육	종교학		
축산학	치의학	의류직물학	주거환경학		
토목공학	한의학	의상디자인	직업재활학		
항공교통학	화학		청소년학		
항공우주공학	환경학		초등교육		
화학공학			특수교육		

③ GOT에 의한 선호 직업

R	I	A	S	E	C
건축업자	과학계열연구자	건축가	간호사	아나운서	공인회계사
경찰관	과학교사	국어교사	학교상담교사	경매업자	급식관리자
고속도로순찰경찰	내과의사	리포터	레크리에이션강사	공정관리책임자	매장판매인
농수산물관리자	대학교수	신문기자	물리치료사	광고대행업자	편집자
농업관련종사자	물리학자	만화가	보육교사	도매상인	보험수리사
농업교사	사회과학계열종	미술, 음악교사	사회사업가	식당매니저	비서
목수	사자	무용교사	상담가	마케팅책임자	사무관리자
목장, 농장경영자	사회학자	박물관책임자	성직자	매장관리자	사무직원
목축업자	생물학자	배우	심리치료사	물품구입담당자	상업교사
방사선기술자	수의사	사진가	의료보조원	변호사	세무회계감사원
비파괴기사	심리학자	삽화가	정신보건사업자	부동산중개인	신용관리자
엔지니어공학자	약제사	일러스트레이터	증, 고교교사	상공회의소직원	원고교정사
운동코치	연구개발관리자	순수미술가	봉사단체책임자	생명보험업자	은행출납계원
원예사	연구실기술자	상업미술가	진로상담가	세일즈맨	은행원
자동차수리기술자	의료기술자	성악가	청소년지도자	여행사직원	의료기록원
중장비운전자	지질학자	시인	초등학교교사	이벤트전문가	원무과직원
전기, 전자기술자	천문학자	실내장식가	탁아소담당자	인사부책임자	인쇄업자
통신기술자	치과의사	아동문학가	특수교육교사	정치인	재무분석가
조정사	통계학자	탤런트	학교취업과직원	중소기업경영자	제품관리자
중장비운전원	화학자	음악가	학교행정담당자	지방자치단체장	컴퓨터
직업군인		엔터테이너	학원강사	판매책임자	오퍼레이터
프로운동선수		작가		항공기승무원	컴퓨터프로그
항공정비사		잡지편집인		해외업무담당자	래머
항공기조종사		조각가		홍보담당자	
		카피라이터			
		광고크리에이터			

검사를 통한 나 이해하기

학교		학년		이름	

진로성숙도 척도 확인				
진로정체감	점수		점수에 대한 탐색	
가족일치도				
진로준비도				
진로합리성				
정보습득률				
검사결과 자신의 유형				
자신의 유형에 적합한 학과 탐색				
자신의 유형에 적합한 직업 탐색				
MBTI검사에서 나온 직업과의 비교				
실천계획				

Why DO I WANT TO DO IT ?

1 직업과 직업관 알아보기

2 가치카드로 내 가치 분류하기

3 가치와 직업 매칭해 보기

4 내 의사결정 유형 알기

5 성공한 사람들 엿보기

13차시　직업과 직업관 알아보기

학습 목표	▪ 직업관에 대한 올바른 이해 ▪ 직업들과 직업관 연결해 보기		영역	진로
지도 과정	지도 요소	지도내용	시간 (분)	자료 및 참고사항
시작 부분	▪동기유발	오늘 하게 될 프로그램의 목표를 이야기해 주고 흥미를 이끌어 낸다.	3	
중간 부분	▪설명하기	학생들의 이해를 돕기 위해 직업관에 대한 의미를 설명해 주고 직업관의 종류에 대해 체계적으로 설명해 준다.	5	보기자료
	▪활동하기	학생들에게 직업카드를 나누어 주고 거기서 나오는 직업들에서 마음에 들거나 관심이 있는 직업들을 골라 보게 하고 활동자료 "직업과 직업관 매칭해보기"에 우선 직업들을 기록해 보게 한다. (최대한 많이 기록해 보게 한다.)	10	직업카드 활동자료
		직업들을 다 열거하고 나면 선생님의 설명과 또 보기자료에 나와 있는 직업관에 대한 이해를 다시 한 번 살펴보고 자신이 기록한 직업들을 직업관과 연결시켜 본다.	10	
		자신이 적은 직업들이 자신이 생각할 때 어떤 직업관을 필요로 하는지, 또는 어떤 직업관으로 임하면 좋겠는지 자신의 생각을 적어 본다.	10	
	▪발표하기	학생들의 기록이 다 끝나면 돌아가며 발표할 수 있는 시간을 가지며 자신과 또 다른 친구들의 직업에 대한 직업관에 대해 알 수 있게 한다.	10	
마무리	▪평가 및 정리	자신이 생각하고 있는 직업관을 다음 시간 '내 가치를 찾아봐요'에 연결시켜 볼 수 있도록 차시에 대한 예고를 한다.	2	

94

 # 직업관 알고 갑시다.

직업관이란 개인이나 사회가 직업에 대해 가지고 있는 태도나 가치관을 말한다. 일반적으로 이러한 직업관은 크게 3종류로 분류되곤 한다. 세 가지 직업관을 살펴보면 다음과 같이 정리될 수 있다.

🦋 자기 본위의 직업관
- 직업을 생계유지를 위한 활동과 출세를 위한 수단 또는 사회적 지위나 권력을 얻기 위한 수단으로 생각하며 직업에 임하는 직업관이다.

🦋 사회 본위의 직업관
- 직업을 단순히 자기 자신이나 가족의 이익만을 위하는 것으로 생각하지 않고 사회나 국가를 위하여 봉사는 것으로 생각하며 직업에 임하는 직업관이다.

🦋 일 본위의 직업관
- 직업을 자아실현의 과정으로 이해하는 직업관이다. 직업을 자신의 생계나 출세를 위한 것으로 여기지 않고 남을 위한 것도 아닌 일 자체를 위한 것으로 여기는 직업관이다. 즉 일 본위의 직업은 무엇을 얻기 위한 수단으로 평가되지 않고 자아실현의 과정으로 간주된다.

⇒ 진로를 선택할 때 내가 직업과 관련해서 가장 중요하게 여기는 가치관, 즉 직업관이 무엇인지를 알게 되면 판단 내리는 데 많은 도움이 된다. 슈바이처가 철학과 신학에 많은 관심을 가지고, 파이프 오르간 반주에 탁월한 능력을 보유한 사람이었지만 아프리카 오지에서 불쌍한 사람들과 환자를 돌보며 평생을 봉사하고 살 수 있었던 것은 바로 그가 바로 사회 본위의 직업관을 가지고 있었기 때문이라고 볼 수 있을 것이다.

직업과 직업관 매칭해 보기

학교		학년		이름	

번호	마음에 드는 직업	직업관	이유
1			
2			
3			
4			
5			
6			
7			
8			
9			
10			
11			
12			
13			
14			
15			

가치카드로 내 가치 분류하기

학습 목표	• 가치카드를 통해 나의 가치를 정립해 본다. • 내 가치와 직업관의 관계를 확인해 본다.		영역	진로
지도 과정	지도 요소	지도내용	시간 (분)	자료 및 참고사항
시작 부분	▪동기유발	가치카드를 하나씩 나누어 주어 프로그램에 대한 관심을 고조시킨다.	3	
중간 부분	▪주의사항	가치카드로 실시되는 프로그램이 소란스러운 가운데 장난으로 끝나지 않도록 지도한다.		가치카드
	▪설명하기	한 사람 앞에 한 묶음씩의 가치카드를 나누어 주고 활동에 대한 개괄적인 설명을 해 주며 활동준비를 시킨다.	5	
	▪활동하기	우선 마음에 들고 중요하다고 생각되는 가치와 마음에 들지 않거나 중요하지 않다고 생각되는 가치 그리고 중간 정도의 애매한 가치로 구분하여 카드를 분류시키도록 한다. 추가하고 싶은 가치는 자유카드를 이용한다.	10	
	▪활동하기	학생들이 가치카드를 다 분류하고 나면 활동자료 "내 가치를 찾아봐요"를 나누어 주어 자신이 분류한 가치에 대해 다시 생각해 보고 활동자료를 작성하도록 한다.	10	활동자료
	▪발표하기	활동자료에 대한 작성이 끝나면 돌아가며 발표를 통해 각자의 가치에 대한 생각을 들어본다. 그리고 자신의 가치가 지난 시간 탐색했던 직업관과 어떻게 연결되는지 자신의 가치와 직업관의 관계를 확인해 본다.	10	
		발표가 끝나면 가치카드를 잘 정리하게 해서 앞으로 반납하도록 한다.	10	
마무리	▪평가 및 정리	다음 시간을 위해 자신의 가치에 부합되는 직업들을 탐색해 오도록 한다.	2	

가치카드로 내 가치 분류해 보기

-가치카드 이용방법-

* 학생들에게 각자 한 묶음씩의 가치카드를 나누어 준다.
* 이 가치카드는 수업이 끝나는 대로 다음 반 학생들을 위해 다시 사용될 것임을 미리 말해 가치카드를 손상시키거나 낙서하지 않도록 잘 지도한다.
* 우선 자신 앞에 놓여 있는 가치카드들을 가지고 평소에 자신이 중요하다고 생각했던 가치나 마음에 드는 가치를 한곳으로 모으고 마음에 들지 않거나 별로 중요하지 않다고 생각되는 가치를 다른 한곳으로 모은다.
* 그리고 별다른 생각 없이 어느 한쪽으로 모으기에 애매한 가치들을 두 가치 분류들 사이에 모아 둔다.
* 다 분류하고 나면 교사는 학생들에게 다시 한 번 분류한 것을 생각해 보게 하고 위치를 바꿀 수 있는 기회를 준다. 특히 애매한 분류에 넣었던 가치들 중 옮겨 놓을 것이 없나 다시 한 번 확인해 보도록 한다.
* 혹시 자신이 생각했던 가치가 카드에 없다면 자유카드를 이용해 가치를 따로 적어 함께 분류해 놓도록 한다.
* 분류가 완전히 끝나면 활동자료를 나누어 주고 왜 중요한 가치인지, 왜 중요하지 않은 가치인지 활동지에 작성해 보도록 한다.
* 다음 애매한 가치와 중요하지 않은 가치는 모아 상자에 넣고 중요한 가치만을 남긴다. 그리고 중요한 가치들의 서열을 매겨 우선순위별로 다시 놓고 활동지를 작성하게 한 다음 지난 시간 했던 직업과 연결시켜 살펴본다.
* 작성이 끝나면 돌아가며 발표한다.

내 가치를 찾아봐요

학교		학년		이름	

번호	중요한 가치	중요하지 않은 가치	애매한 가치
1			
2			
3			
4			
5			
6			
7			
8			
9			
10			

〈중요한 가치 이유 탐색〉	〈중요하지 않은 가치 이유 탐색〉

가치와 직업 매칭해 보기

학습목표	가치에 대응하는 직업을 매칭해 본다.		영역	진로
지도과정	지도요소	지도내용	시간(분)	자료 및 참고사항
시작부분	▪동기유발	오늘의 학습목표를 설명해 준다.	3	
중간부분	▪활동하기	지난 시간 탐색해 보았던 자신의 가치 우선순위를 다시 한 번 확인해 보게 한다.	5	보기자료 활동자료
		가치카드를 통해 찾아보았던 중요한 가치들 중 우선순위대로 6개만 추려 활동자료 "내 가치와 직업 궁합 보기"에 기록해 보고 가치에 부합하는 직업을 탐색하여 작성해 보도록 한다.	10	
		순위별 가치에 적합한 직업과 적합하지 않은 직업을 탐색해서 보기자료를 참고로 하여 기록해 보게 한다.	5	
		정보가 부족한 학생이라면 옆에 있는 친구들과 의논하거나 친구들의 도움을 받아 작성할 수 있도록 시간을 준다. (소란스러워지지 않고 진지하게 작업이 이루어질 수 있도록 지도한다.)	10	
		자신의 가치에 대응되는 직업에 어떤 것들이 있는지 확인해 보고 순위별로 탐색해 본다.	5	
	▪발표하기	돌아가며 자신의 가치 우선순위와 매칭되는 직업을 발표해 본다.	10	
마무리	▪평가 및 정리	자신의 가치 우선순위와 그 가치에 적합한 직업들을 수업 후에도 지속적으로 탐색해 보도록 격려한다.	2	

직업가치와 직업 매칭하기

번호	직업가치	대응되는 직업	대응되는 직업
1	봉사	사회복지사	중장비 기사
2	신속성·긴박감	영업사원	도서관 사서
3	안정성	공무원	연예인
4	명성	교수	유흥업
5	심미성	예술가	엔지니어
6	창의성	디자이너	속기사
7	권력	정치가	NGO 직원
8	시간적 자유	자유기고가	회사원
9	자율성	광고업	생산직
10	지적활동	학자	육체적 노동
11	영성	성직자	엔지니어
12	선진성	회사간부	화가
13	성취	변호사	사회복지사
14	전문성	검사	마켓 판매원
15	높은 수입	사업가	공무원

내 가치와 직업 궁합 보기

학교		학년		이름	

번호	나의 가치에 적합한 직업 매칭하기		
1	나의 가치 우선순위	가치에 적합한 직업	가치에 적합하지 않은 직업
2			
3			
4			
5			
6			

직업들의 관계 탐색

지금까지 검사를 통해 나온 직업들과 자신의 가치에 적합하게 나온 직업들이 일치하는지 확인하고 일치하지 않는다면 어떻게 다른지 자신의 생각을 적어 봅시다.

16차시	내 의사결정 유형 알기		

학습 목표	▪ 의사결정의 의미와 그 유형을 확인한다. ▪ 자신의 의사결정의 유형을 확인한다.		영역	진로
지도 과정	지도 요소	지도내용	시간 (분)	자료 및 참고사항
시작 부분	▪동기유발	각자 의사결정 방법을 질문해 본다.	3	
중간 부분	▪활동하기	어떤 것을 결정하거나 선택해야 하는 순간에 각자 어떤 방식으로 결정을 내리는지, 어떻게 선택하는지 의사결정 방식에 대해 발표해 보게 한다.	5	보기자료
		의사결정 유형의 종류에 대해 설명해 주고 각 유형으로 의사결정을 내렸을 때 좋은 점과 나쁜 점에 대해 간단히 이야기해 본다.	10	
		활동자료 "내 의사결정 방식은?"을 나누어 주고 작성방법을 설명해 주어 각자의 의사결정 유형을 확인하고 그 유형의 장점과 단점을 다시 생각해 본 뒤 자신의 장점과 단점을 연결시켜 활동자료를 작성한다.	10	활동자료
		자신이 지금까지 탐색해 보았던 직업들을 생각해 보며 자신의 의사결정 유형으로 그 일을 수행한다고 할 때 적당한지, 적당하지 않다면 그 이유는 무엇인지 생각하여 활동자료에 기록해 본다.	10	
	▪발표하기	자신이 평소에 내리는 의사결정 방식을 탐색해 보고 작성한 활동자료를 참고로 하여 돌아가며 각자의 의사결정 방식을 발표해 보고 그 각각의 의사결정 유형의 장점들과 단점들에 대해서도 발표해 본다.	10	
마무리	▪평가 및 정리	자신의 의사결정 유형에서 보완되어야 할 점에 대해 탐색해 보게 한다.	2	

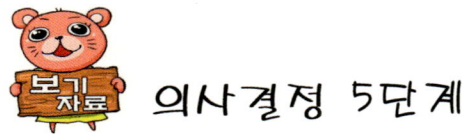

의사결정 5단계

여러분이 원하는 것, 즉 목표가 무엇인지를 분명하게 하는 것입니다. 원하는 것이 무엇인지 올바르게 알아야 문제의 해결에 도움이 되기 때문입니다.

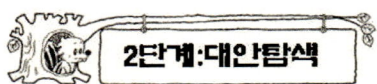

여러분이 원하는 것을 이룰 수 있는 여러 가지 방법, 즉 대안을 찾아봅니다. 많은 방법을 생각해야 해결책을 찾는 것이 쉽겠지요? 과거에는 어떻게 했는지, 다른 사람은 어떻게 했는지 등을 잘 생각해 보고 많은 대안을 찾는 것이 좋습니다.

여러분이 찾은 대안 중에서 어떤 대안이 좋은지 고르기 위해서는 대안을 평가할 수 있는 기준이 있어야겠지요? 문제 해결을 위한 시간은 충분한지, 돈이나 다른 물건이 필요하지는 않은지, 도와줄 사람이 있어야 하는지 등을 생각해 보는 것입니다.

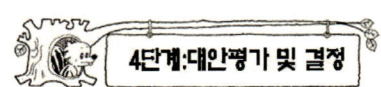

마련된 기준으로 대안들을 평가하고 등급을 매깁니다. 높은 점수를 받은 대안을 선택해야겠지요? 단, 모든 대안의 점수가 너무 낮으면 2단계부터 다시 시작해야 합니다

지금까지 이쳐 선택한 대안을 수행하기 위해서는 계획을 세워서 실천해야 합니다. 계획을 다시 살펴보고 고쳐야 할 때도 있고 새로운 계획을 세워야 할 때도 있습니다.

 내 의사결정 방식은?

학교		학년		이름	

번호		1	2	3
1	나는 중요한 일을 결정할 때 신중하고 체계적으로 생각한 뒤 결정한다.			
2	나의 의사결정 방식은 나만의 개성으로 다소 엉뚱하고 독특함이 있다.			
3	나는 의사결정을 할 때 내가 구할 수 있는 모든 정보를 다 수집하여 객관성을 확보한다.			
4	나의 의사결정에 대해 부모님이나 선생님 친구들이 어떻게 생각할 지가 나에게는 중요하다.			
5	어려운 상황에 직면하면 빨리 결정하여 고민에서부터 탈출을 시도한다.			
6	나는 의사결정을 내리는 순간에 누군가의 도움을 필요로 한다.			
7	내가 내린 의사결정의 결과가 어떻게 나올지에 대한 예측이 가능해야 한다.			
8	나의 영감, 직감, 느낌은 내가 의사결정을 내리는 데 영향을 미친다.			
9	나는 내 의사결정을 부모님 등 주위 사람들의 요구에 따라 바꿀 수 있다.			
10	나는 의사결정을 내리기 전 반드시 친한 친구에게 조언을 구하기 위해 말을 한다.			
11	나는 순간 '아하'하고 떠오르는 생각에 따라 문제에 대한 고민을 해결할 수 있다.			
12	나는 의사결정을 내리기 위해 생각하는 데 많은 시간을 필요로 한다.			
13	나는 무엇인가 중요한 의사결정을 해야 할 때 충분한 시간을 두고 계획하고 생각한다.			
14	나는 의사결정을 내리기 전 내가 알고 있는 지식이나 정보가 정확한 것인지 다시 검토한다.			
15	나는 때로 의사결정을 생각만 하고 뒤로 미루는 경향이 많다.			
16	나는 의사결정을 위한 고민을 많이 하지 않지만 순간 떠오르는 생각에 고민을 해결하기도 한다.			
17	신중하고 진지한 계획 없이 나는 어떤 일을 시작하지 않는다.			
18	예감, 육감 등은 나의 의사결정 방법이다.			
19	나는 의사결정을 할 때 어떤 객관적인 정보보다 마음이 끌리는 쪽을 선택하게 된다.			
20	나는 다른 사람들에게 내 이미지를 손상시킬 수 있는 의사결정을 내리고 싶지 않다.			
21	다른 사람의 격려와 지지, 칭찬 등은 나의 의사결정에 큰 도움이 된다.			
22	나는 올바른 의사결정임을 확실하게 신뢰하기 위해 많은 시간을 필요로 한다.			
23	나에게 올바른 의사결정이란 내 느낌에 만족감을 주어야 한다.			
24	나는 '바로 이거야'하는 느낌에 의해 의사결정을 내릴 수 있다.			
25	내가 내린 의사결정들은 내 삶의 목표를 이루는 한 단계로 여길 수 있을 만큼 신뢰롭다.			
26	주위 사람들의 지지가 없고서는 나는 의사결정을 내릴 수 없다.			
27	나는 내가 내리는 의사결정에 따라 예상되는 결과들을 되도록 많이 알고 싶다.			
28	다른 사람의 도움이 필요할 만큼 나는 내 의사결정 능력을 신뢰할 수 없다.			
29	나는 웬만하면 주위 사람들이 원하는 쪽으로 의사결정을 내린다.			
30	나는 의사결정을 내리기 위해 정보를 필요로 하기보다 내 생각을 따른다.			
	계			

 제4장 재미있는 진로상담 프로그램 여행　105

🦋 자신의 의사결정 유형 찾기

1 각 문항에 대한 답을 ○나 X로 하얀색 빈칸 안에 기록하게 한다.
2 1, 2, 3번에 체크된 것들을 세로로 다 합산하여 '계'란에 기록한다.
3 가장 높은 점수로 나온 것이 자신의 의사결정 유형이 된다.
4 자신의 의사결정 유형을 확인하고 아래에 있는 활동자료를 작성해 본다.

의사결정 유형

1	합리적 유형	의사결정에 있어서 논리적이고 체계적으로 접근하는 것
2	직관적 유형	개인 내적인 감정적 상태에 의존하는 것
3	의존적 유형	결정에 대한 자신의 책임을 거부하며 그 책임을 자신 이외의 가족이나 친구, 동료 등에게 전가하는 것

유형	특성	장점	단점
합리적 유형	객관적인 자료나 정보를 바탕으로 논리적이고 합리적인 의사결정을 수행하며 의사결정에 신중함을 가지고 책임진다.		

유형	특성	장점	단점
직관적 유형	논리적이고 합리적인 판단 없이 느낌이나 영감 또는 직감에 의존하여 즉흥적으로 결정하는 경향이 있고 미래에 대한 고려가 없는 편이다.		

유형	특성	장점	단점
의존적 유형	자신이 내리는 의사결정에 대해 신뢰하지 못하는 경향이 있으며 타인에게 의존하며 타인의 영향을 많이 받는다. 사회적 인정에 대한 욕구가 강하고 수동적이며 결정에 대한 책임을 부정한다.		

자신의 의사결정 유형으로 직업을 수행할 경우 탐색

17차시	성공한 사람들 엿보기			
학습 목표	▪ 성공한 사람들의 공통점을 찾아볼 수 있다.		영역	진로
지도 과정	지도 요소	지도내용	시간 (분)	자료 및 참고사항
시작 부분	▪동기유발	친숙한 인물 선택으로 학생들의 흥미를 이끌어 낸다.	3	
중간 부분	▪설명하기	*쉬는 시간에 조를 편성해서 앉게 한다. '33인의 연습벌레들'에 소개된 여러 성공한 사 람들 중에서 우리들에게 친숙한 몇 명의 사람 들의 삶을 소개함으로써 예시를 통해 그 사람 들의 공통점을 찾아볼 수 있다.	5	보기자료
	▪활동하기	미리 편성된 조별로 성공한 사람들의 예시에서 찾아볼 수 있는 공통된 점들을 이야기해 보고 지난 시간에 활동했던 직업관을 생각하며 그 사람들의 직업관도 함께 토론하여 활동자료 "내 가 뽑은 사람들"에 작성하여 본다. 자신들 각자가 알고 있는 또는 존경하는 사람 들을 선정하여 의논한 뒤 활동자료에 함께 기 록해 본다.	10 10	활동자료
	▪발표하기	각 조에서 작성된 활동자료를 참고로 각 조의 대표가 일어나 성공한 사람들의 공통점과 자기 가 좋아하거나 존경하는 인물에 대한 탐색 내 용을 발표한다. 다른 조에서 탐색한 인물에 대해서도 들어보고 그 사람들의 공통점까지도 확인해 본다.	10 10	
마무리	▪평가 및 정리	모든 성공한 사람들의 공통점을 생각해 보며 앞으로 의 나의 미래를 다짐해 보는 시간을 갖는다.	2	

'33인의 연습벌레들'

<출처: 천재를 뛰어넘은 33인의 연습벌레들, 글 박상철, 그림 박기종>

박진영 이야기

꿈을 찾아 음악을 선택한 대학생

세계 최고의 대학인 하버드에 강사로 초청될 정도로 아시아 대중문화의 리더로 떠오른 박진영. 그에게 붙는 수식어들은 너무도 많다. 아시아의 스타 '비'를 만든 장본인, 빌보드 차트에 이름을 올린 한국 최초 작곡가, 손대는 가수마다 모두 성공하는 신화적인 인물……
그는 대학을 다니면서 음악에 너무도 많은 관심을 가진 '끼' 있는 청년이었다. 가수의 꿈을 이루기 위해 유명한 음반기획자를 찾아가 오디션을 받았지만 불합격했고, 포기하면 원하는 길에 도달할 수 없다는 생각을 하고 끝까지 가보기 위한 도전장을 던졌다.

외모가 아닌 실력으로 인정받은 가수

'꽃미남'들이 즐비한 연예계에서 외모보다 오직 실력으로 인정받은 박진영. 그는 춤과 노래를 팬들에게 완벽하게 선보이기 위해 연습에 연습을 거듭했다. 그는 잠깐의 인기에 만족하지 않고 늘 새로운 장르의 음악과 춤을 선보이며 음악적인 모험과 실험을 즐겼다. 연습에 연습을 거듭하는 그는 작곡, 편곡, 음반제작과정 지휘, 음반기획자로도 인정받으며 지금도 열심히 노력하고 있다.

눈앞의 성공을 버리고 더 큰 꿈을 향하여

작곡가로서 '1년 안에 빌보드 차트 10위권에 곡 하나를 반드시 진입시킨다.'는 목표를 가지고 미국시장에 도전장을 던졌다. 무모한 일이라고 말리는 주위 사람들의 걱정도 있었지만 더 큰 꿈을 향해 가진 것을 버리고 떠나는 그에게 박수를 보내는 사람도 있었다. 9개월간의 온갖 고생과 노력 끝에 윌 스미스, 메이스 등 스타들의 노래를 작곡해 결국 빌보드 차트 5위권에 진입을 시키는 대단한 성과를 거두었다. 그가 미국시장에서 성공한 최초의 한국 뮤지션이 된 것은 눈앞의 작은 이익을 버리고 더 큰 꿈을 향해 도전하는 그의 용기 때문이었을 것이다.

디즈니 이야기

시골농장의 동물친구들

월트 디즈니는 1901년 겨울 미국의 울프강가 한 농촌에서 태어났다. 어머니가 들려주시던 재미난 이야기와 농장의 동물들과 함께 뛰놀던 추억은 나중에 그가 600여 종이 넘는 사랑스러운 동물 캐릭터를 만들어 내는 데 큰 도움을 주었다.

나만의 캐릭터를 찾아서

캔자스 시에 있는 신문사 풍자만화가로 지원했다가 떨어지고, 광고회사에 삽화가로 취직했지만 오래가지 못해 해고당하고 만화영화제작에 들어갔다가 망하고 나서 영화의 고장 할리우드로 떠났다. 그는 검은색 토끼 '오스왈드'라는 캐릭터 만화영화를 만들어 성공했지만 제작자 윙클러가 판매권을 몽땅 가지고 떠나버리자 다른 사람을 위해 일하지 않고 나만의 캐릭터를 만들어 내겠다.는 야망을 가지게 된다. 새로운 캐릭터를 만들기 위해 밤이 늦도록 일했던 그는 결국 '미키마우스'를 탄생시켰다.

어린이를 위한 캐릭터 세상, 디즈니 월드

아이들의 열광을 받기 시작한 미키마우스로 월트 디즈니는 더욱 열심히 만화를 그렸고 영화를 제작하기 시작했다. '백설 공주와 일곱 난쟁이", "피노키오", "피터팬", "정글북", "101마리의 달마시안" 등의 만화영화를 만들어 내며 그는 성공의 길을 걸었다. 그리고 내가 돈을 벌 수 있는 것은 모두 아이들 때문이야. 우리 아이들이 자신의 꿈을 마음껏 펼칠 수 있는 곳을 만들어 주는 것이 나의 할 일이야.라는 생각을 가지게 되었다. 그래서 1995년 미국에는 거대한 꿈의 동산이 하나 생겨났으며 그것이 바로 아이들의 꿈의 놀이터인 '디즈니랜드'인 것이다.

김연아 이야기

먼저 넘어지지 않으면 일어설 수 없다.

1997년 스케이트를 처음으로 신어 본 김연아는 스케이트의 매력에 빠지게 되면서 그녀의 스케이트 인생은 시작되었다. 초등학교 4학년 때 미국 전지훈련을 떠나 그곳에서 피겨스케이팅 최고의 스타 미셸 콴을 보고 콩닥거리는 가슴을 진정시키며 '난 미셸콴 선수보다 더 대단한 선수가 되어야지.'라는 원대한 꿈을 안고 한국으로 돌아왔다. 중학교 1학년이 된 김연아에게 매일 계속되는 훈련은 너무도 힘들고 어려운 것이었다. 하루에도 몇 번씩 모든 것을 포기하고 싶을 정도로 혹독한 연습을 이겨내고 자신의 꿈을 이루기 위한 결심을 할 수 있기에는 그녀의 어머니가 있었다.

어머니와 딸, 의지 × 2

김연아의 든든한 후원자이자 동반자, 때론 다정한 친구이기도 한 김연아의 어머니도 피겨스케이트 선수로서의 꿈을 가지고 있었다. 엄마의 그 꿈을 대신 이루고 싶다는 생각이 김연아로 하여금 넘어져도 다시 일어서게 하는 힘이 되어 주었다. 그녀의 하루 일과표는 너무도 간단한 것이었다. '잠자는 시간, 먹는 시간 빼고 훈련하는 시간' 그녀는 밤늦게까지 연습에 전념하며 너무 힘들 때면 어린 김연아는 남몰래 스케이트장의 차가운 얼음 위에 작은 눈물방울을 떨어뜨렸다. 그러나 곧 눈물을 훔치고 일어나 다시금 용기를 내어 얼음을 지치곤 했다. 그런 그녀는 어쩌면 당연하게도 한국인 최초로 피겨스케이팅 대회에서 우승을 차지하게 되며 세계 피겨주니어선수권대회 시상식장에서 시작된 축하의 박수소리는 한반도 전체에 울려 퍼졌다. 그녀의 목표는 시니어 그랑프리 대회 우승이라는 더 높은 곳을 향하고 있었다.

후회는 노력하지 않은 사람에게만 찾아온다.

피겨의 요정 김연아는 지금도 얼음판 위에서 연습을 계속하고 있다. 2010년 밴쿠버 동계 올림픽 금메달리스트의 목표를 향해 연습에 연습을 거듭하고 있는 김연아는 평생 후회하지 않을 경기를 선보이고 싶다고 했다. 누구나 후회를 하며 살아가기 마련이다. 하지만 그 후회는 최선을 다하지 않았을 때 자신이 할 수 있는 노력을 다하지 않았을 때 생겨나는 것이다. 우리의 인생 또한 마찬가지이다. 후회하지 않을 인생을 살아가려면 최선을 다하는 것, 비록 넘어지더라도 툭툭 털고 다시 일어나 주어진 길을 가는 것이다. 최선을 다해 보낸 1시간은 후회로 보낸 1년보다 훨씬 길고도 값진 시간임을 잊지 말자.

내가 뽑은 사람들

성공한 사람들의 공통점 탐색

이들의 직업관	
공통된 점	
배울 점	
나의 계획	

좋아하는 또는 존경하는 인물 탐색

이름	
직업	
직업관	
배울 점	

좋아하는 또는 존경하는 인물 탐색

이름	
직업	
직업관	
배울 점	

Where DO I WANT TO DO IT?

1 스트롱 직업흥미 검사하기

2 나의 직업윤곽 잡아 보기

3 목표 세워 보기

4 진로 로드맵 꾸미기

5 희망 이력서, 명함 만들어 보기

6 게임으로 마무리하기

스트롱직업흥미검사하기(2교시분)

학습 목표	▪ 스트롱직업흥미검사를 통해 자신의 진로에 대한 더욱 구체적이고 객관적인 탐색이 가능하다.		영역	진로
지도 과정	지도 요소	지도내용	시간 (분)	자료 및 참고사항
시작 부분	▪ 동기유발	좀 더 심도 있는 진로탐색이 가능함을 알려 줌으로써 흥미를 유발시킨다.	5	
중간 부분	▪ 사전준비	스트롱진로성숙도검사에 이어 스트롱직업흥미검사를 실시함으로써 보다 정확하고 객관적이며 구체적인 자신의 진로를 탐색해 볼 수 있음을 이야기해 준다.	5	보기자료
		보기자료를 통해 사전에 숙지한 스트롱직업흥미검사에 대한 오리엔테이션을 간단히 실시한다.	10	
	▪ 검사실시	검사지와 OMR카드를 나누어 주고 조용한 가운데서 검사가 실시될 수 있도록 지도한다.	30	검사지
	▪ 설명하기	각자 자신의 프로파일이 맞는지 확인하고 프로파일에 대한 정확한 해석이 이루어질 수 있도록 프로파일 해석방법에 대해 상세하게 설명해 준다.	15	프로파일
		GOT와 BIS의 관계, BIS에 해당되는 직업들, PSS(개인 특성 척도)들에 대한 상세한 설명도 함께 해 준다.	15	
	▪ 활동하기	활동자료 "나를 찾아서"와 "척도별 탐색해 보기"를 나누어 주고 신중하게 작성해 보며 자신의 진로를 구체적으로 탐색해 보도록 한다.	15	활동자료
마무리	▪ 평가 및 정리	스트롱직업흥미검사에 대한 심도 깊은 상담이 이루어질 수 있음을 이야기해 준다.	5	

스트롱직업흥미검사

(참고서적 —KPTI 한국심리검사연구소 '스트롱 workbook")

1 스트롱직업흥미검사의 3가지 척도

GOT
일반직업분류

> 직업심리학자 John L. Holland의 직업선택 이론이 반영된 6개의 분류로 내담자의 흥미 특성에 관한 포괄적인 정보를 제공해 준다.

BIS
기본흥미척도

> 일반직업분류(GOT)의 유형을 보다 세분화한 척도로서 특정한 활동이나 주제에 대한 개인의 흥미 정도를 측정하는 25개의 척도로 구성되어 있다.

PSS
개인특성척도

> 개인특성 척도는 일상생활이나 일의 세계에서 내담자가 일반적으로 어떻게 학습하고 일하며 생활하는 것을 더 선호하고 편안하게 느끼는지에 대한 정보를 제공해 주는 4가지 척도로 구성되어 있다.

2 GOT(일반직업분류)

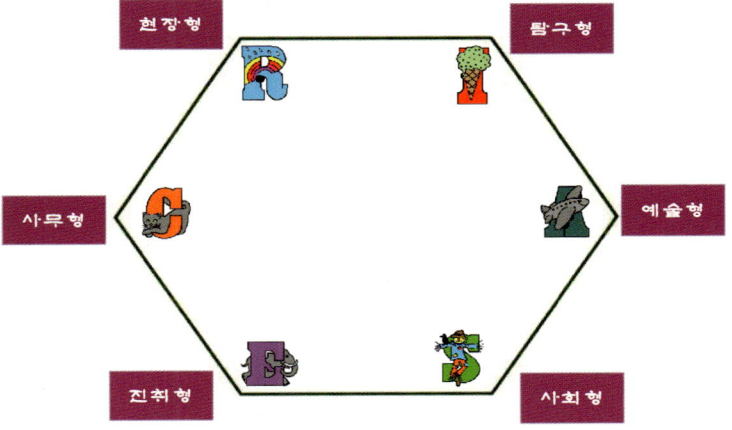

시간나면 하는 일
• 물건을 수리하고 고치는 일
• 실내보다는 밖에서 하는 운동
• 등산이나 암벽타기
• 사냥이나 낚시
• 스릴과 모험을 즐기기
• 책을 읽는다면 기계와 관한 서적
• 꽃을 가꾸는 등의 원예

성격 및 특성
• 함께 보다는 독립적인 것을 선호
• 현실적이고 실용적인 것을 선호
• 신체적인 활동을 선호
• 사치스럽지 않고 검소함을 선호
• 자신을 드러내고 의사표현에 서투름
• 조직적이고 위계질서 중시
• 안정적 환경 선호

현장형

시간나면 하는 일
• 생각이 필요한 게임(바둑)
• 지적인 욕망을 채워줄 독서
• 무언가를 분석하고 연구하는 일
• 별에 대한 관찰 등 자연 관찰
• 남들이 풀지 못한 어려운 문제에 도전
• 어떤 원리에 대해 배우는 일
• 새로운 아이디어에 대한 갈망

성격 및 특성
• 분석적이고 비판적 사고가 경함
• 단순한 문제보다 복잡한 문제 선호
• 지적인 것에 대한 호기심 경함
• 여럿이 보다는 혼자인 것을 더 선호
• 내적 경화물에 대해 동기부여가 잘됨
• 말로 자신을 표현하는 것에 약함
• 학문적인 성취욕을 경함
• 새로운 아이디어에 대한 갈망

탐구형

시간나면 하는 일

- 연극 공연 관람
- 창조적인 작업
- 그림 그리기
- 시/수필 등 글쓰기
- 댄스
- 꽃 장식
- 예술 사진 촬영
- 영화나 콘서트 관람

성격 및 특성

- 예술적인 감각과 창의력
- 규칙, 규율을 싫어함
- 남과 다른 뭔가 독창적인 것을 선호
- 표현력이 풍부하고 낭만적
- 마음다움에 대한 민감성과 예민성
- 개방적이고 변화되는 것을 선호
- 상상력이 풍부하고 직관적
- 감정이 풍부

예술형

시간나면 하는 일

- 함께 이야기하며 즐기기
- 남의 일도 내일처럼 해결해주기
- 친구 고민 들어주며 상담해주기
- 봉사활동 다니며 사람들 돕기
- 각종 모임에 즐겁게 참석하기
- 가끔씩은 자기 성장을 위한 독서

성격 및 특성

- 다정하고 따뜻한 마음의 소유자
- 사람들과 함께 하는 시간 선호
- 자기주장을 내세우기보다 들어주기
- 협동적이고 봉사정신 투철
- 밝고 긍정적인 성격
- 배려심이 깊고 친절함
- 이야기 나누는 것을 즐김
- 자유로운 의사표현

사회형

시간나면 하는 일
- 동호회 참석
- 정치적 모임이나 활동
- 인간관계 네트워크 형성
- 사람들 모아 놓고 연설이나 교육
- 경쟁적인 스포츠 관람 및 참여
- 사교적 모임에서 리더하기
- 사람들 설득하여 자기편 만들기

성격 및 특성
- 진취적이고 야심적
- 리더십이 강하고 인기 몰이
- 금전 및 외적경화물에 동기부여
- 정열적이고 파워가 넘침
- 자신감에 차 있고 경쟁을 좋아함
- 자기주장이 강함
- 뛰어난 말주변으로 타인을 설득

진취형

시간나면 하는 일
- 우표 등 여러 종류의 수집
- 정밀성을 요하는 모형 만들기
- 규칙/규율이 확실한 게임 활동
- 사무실 정리정돈
- 밀렸던 서류 정리하기
- 레포터/ 보고서 꼼꼼하게 정리하기

성격 및 특성
- 체계적이면서 정확한
- 꼼꼼하고 질서정연한
- 변화보다는 안정성을 추구하며 보수적인
- 구조화되고 조직적인 일 선호
- 상하위계질서에 가치를 둠
- 실용적인 것을 추구하고 검소함
- 자신을 잘 드러내지 않음
- 실외보다는 실내 활동을 더 선호

사무형

3 BIS 척도 관련 직업

R								
R	경찰관	농업관련종사자	목장/농장경영자	엔지니어	운동코치	원예사	중장비운전사	자동차정비사
RI	기계공학자	기계제작자	방사선기술자	항공기조종자	삼림전문가	석유기술자	공학자	토목공학자
RA	기호식품제조자	마네킹전시가	모형제조자	무대기술자	상품전시가	석재조각가	옥외홍보물제작	요리전문가
RS	격종정비설치자	건설공사도배사	목축업	보일러수리자	야생동물관리자	응급의료기술자	응급차운전원	입국심사/경영
RE	건설도급업	경찰관	동물사육사	매장관리자	비밀정보요원	소방관	수렵관리자	영차기관사
RC	폐기물처리	교도관	기계조립자	농업관련종사	도안사	안전검사원	자동차정비사	직업군인

I								
IR	병리학자	산부인과의사	수의사	시력측정/검안	연구실기술자	외과의사	우주공학자	의학연구가
I	과학계열연구	내과의사	대학교수	물리학자	사회학자	생물학자	수학자	심리학자
IA	경제학자	과학삽화가	발명가	생물학자	실험심리학자	예술품감정사	심리학자	임상심리학자
IS	간호사	교육심리학자	의료기술자	사회과학연구원	소아과의사	언어병리학자	언어학자	위생학자
IE	직무분석가	계측기사	도시/교통설계	사회학자	국제회의기획	수학자	시스템기술자	지도제작편집
IC	과학교사	관리/경영분석가	도안사	시력측정/검안	안전관리기사	약제사	연구실기술자	의료기술자

A								
AR	꽃꽂이디자이너	모형제조자	부대기술자	정신구세공인	사진사	상품전시가	순수미술가	제도사
AI	고고학자	과학기술기고가	기술관련삽화가	작가	사회과학자	신문기자	영화세트디자이너	음악/미술평론
A	작가	미술관책임가	배우	사진사	삽화가	순수미술	시인	실내장식가
AS	무용안무가	삽화가	상품광고담당	패션디자이너	악기연주자	연출가	예능과목교사	작문교사
AE	홍보책임자	그래픽디자이너	무대감독/연출	무용가	방송인	배우	사진기자	실내장식가
AC	모형제조자	미술관책임자	구성작가	예능과목교사	작문교사	잡지편집인	조경사	피아노조율사

S								
SR	레크리에이션강사	물리치료사	보육교사	언어치료사	영양사	의료보조원	전문스포츠인	직업상담사
SI	교정공무원	증권전문가	보건학자	심리학자	간호사	정부조사관		
SA	교육학자	미술교사	사회사업가	성직자	외국어교사	유치원교사	음악교사	정신보건종사자
S	간호사	레크리에이션강사	물리치료사	보육교사	사회사업가	상담가	성직자	정신보건종사자
SE	여행가이드	고교상담교사	노동중재인	레크리에이션강사	메이컵아티스트	인사담당자	재정상담가	봉사단체책임자
SC	물리치료사	고객상담원	학교행정담당	복지관책임자	사회사업가	공무원	언어치료사	의료보조원

E								
ER	이벤트전문가	경매인	공원관리감독	공항관리책임	광고대행업	정부자산감독	도로감독관	비밀정보요원
EI	공사계약자	농업제품감독	마케팅책임자	변호사	수렵방전감독	정치인	지방자치단체장	컴퓨터판매업
EA	모델	방송인	실내장식가	의류판매원	연예인매니저	영업책임자	예술품경매인	이벤트전문가
ES	레스토랑지배인	변호사	보험관리자	자동차판매원	여행사직원	영화감독	유치원원장	인사부책임자
E	레스토랑지배인	변호사	판매책임자	보험관리자	인사부책임자	정치인	기업경영자	지방자치단체장
EC	구매담당자	도매업	사무관리자	성공부실무자	국제회의전문가	소매상인	운송관리자	전기기구판매

C								
CR	금융보안직원	급식관리인	백화점상품관리	재단사	우체국정	인쇄기술자	치과기공사	직업군인
CI	건물검사관	보험계리인	연구실기술자	회계사	의료기록기술자	의료기술자	거짓말탐지기요원	재무분석가
CA	공예가	문서작성/편집자	박물관안내원	법률보조원	서예가	성우	예능과목교사	인쇄기술자
CS	감시스템요원	고객서비스담당	금융보안직원	위생검수관	공무원	비서	신용조사원	은행원
CE	박물관안내원	백화점판매원	법원속기사	변호사	세금조사원	신용관리인	은행원	전문비서
C	공인회계사	문서작성/편집자	비서	사무직원	세무/회계감사원	원고교정자	은행원	인쇄기술자

나를 찾아서

학교		학년		이름	

타당도 점검	문항반응백분율		
	TR		
	IR		

GOT & BIS	R 현장형	농업		
		자연		
		군사활동		
		운동경기		
		기계활동		
	I 탐구형	과학		
		수학		
		의학		
	A 예술형	음악/드라마		
		미술		
		응용미술		
		글쓰기		
		가정/가사		
	S 사회형	교육		
		사회봉사		
		의료봉사		
		종교활동		
	E 진취형	대중연설		
		법/정치		
		상품유통		
		판매		
		조직관리		
	C 사무형	자료관리		
		컴퓨터활동		
		사무활동		

PSS	업무유형		
	학습유형		
	리더십유형		
	모험심유형		

척도별 탐색해 보기

| 학교 | | 학년 | | 이름 | |

1	타당도지수 점검	
2	GOT 점검	
3	BIS 점검	
4	PSS 점검	
5	기타 고려사항	
6	GOT 코드 확정	
7	적합한 직업	
8	이유	
9	정보수집 방법	
10	실천계획	

학습 목표	▪ MBTI성격검사와 스트롱직업흥미검사 결과를 종합하여 나의 진로를 구체화시켜 본다.		영역	진로
지도 과정	지도 요소	지도내용	시간 (분)	자료 및 참고사항
시작 부분	▪동기유발	이번 시간 활동의 목표를 이야기해 준다.	3	
중간 부분	▪설명하기	객관적인 자료를 토대로 더욱 구체화된 자신의 진로탐색을 문서로 남겨 보는 시간임을 이야기 한다.	5	활동자료
		MBTI성격검사와 스트롱직업흥미검사를 통해 알게 된 나의 성격과 흥미 그리고 여러 가지 활동을 통해 알게 된 가치관, 적성 등의 결과 를 종합하여 나의 진로와 직업세계를 구체화시 켜 본다.	10	
	▪활동하기	활동자료 "종합해 보자"와 "진로탐색 구체화해 보기"를 작성하면서 객관적인 자료를 토대로 더욱 구체화되고 확실하게 된 자신의 진로를 탐색하며 미래에 대한 꿈을 구체화해 보고 그 꿈을 이루기 위한 자신의 노력과 열정을 다짐 해 볼 수 있는 시간을 가진다.	10	
	▪피드백 주기	작성이 어려운 학생들에게는 어떤 부분이 부족 하여 작성이 어려운지 탐색해 보게 하고 도움 이 필요한 학생들에게 도움을 준다.	10	
		아직도 자신에 대해 모르는 부분, 직업에 대해 모르는 부분 등을 체크하여 수업시간에 친구들 과 선생님께 질문할 수 있는 시간을 준다.	10	
마무리	▪평가 및 정리	아직도 많이 필요한 부분을 잘 체크하여 수업시간 외에도 지속적인 탐색이 이루어지도록 격려한다.	2	

종합해 보자

학교		학년		이름	

나의 MBTI 성격유형은	나의 STRONG 흥미유형

MBTI로 알게 된 나의 성격	스트롱으로 알게 된 나의 흥미	두 검사의 만남 탐색
		• GOT와 MBTI • BIS와 MBTI • PSS와 MBTI

MBTI에서 추천된 직업	STRONG에서 추천된 직업	그 외 직업
		• 추천되지 않았지만 흥미 있는 직업 • 추천되었지만 흥미 없는 직업 • 추천된 직업들의 공통점

진로탐색 구체화해 보기

학교		학년		이름	

나에 대한 탐색

나의 흥미유형	
나의 적성	
나의 직업가치관	
나의 성격	
나의 능력	

나의 희망직업 구체화하기

희망직업	
업무수행능력	
필요한 지식	
업무환경	
하는 일	
평균임금	
전망	
되는 길	
관련 자격증	
관련 대학	
관련 학과	

나의 각오

꿈에 대한 현실성	
이루기 위한 나의 각오	
꿈을 위한 나의 구체적 노력	
나의 좌우명	

나의 미래 목표 세워보기

학습 목표	▪ 목표의 역할에 대해 알게 된다. ▪ 좋은 목표와 나쁜 목표를 구분할 수 있다. ▪ SMART에 입각해서 목표를 세워 본다.		영역	진로
지도 과정	지도 요소	지도내용	시간 (분)	자료 및 참고사항
시작 부분	▪동기유발	미래에 대한 구체적인 계획과 목표가 있는 학생들을 확인하여 발표하게 한다.	3	
중간 부분	▪발표하기	좋은 목표와 나쁜 목표란 어떤 것인지 학생들과 함께 이야기해 보며 두 목표에 대한 정의와 그 차이점에 대해 생각하고 또 발표해 보게 한다.	5	
		또 자신이 생각하는 좋은 목표와 나쁜 목표는 어떤 것인지 보기자료를 참고로 추가되어야 할 내용들을 작성해 보게 한다.	5	보기자료
	▪설명하기	좋은 목표를 세우는 원칙이 되어 줄 수 있는 SMART원리에 대해 보기자료를 통해 함께 살펴보고 또 설명해 준다.	10	보기자료
	▪활동하기	좋은 목표와 SMART원리에 입각해서 활동자료 "내 미래 설계해 보기"를 작성해 보며 자신의 미래에 대한 계획을 세워 보는 시간을 갖고 "미래 일기"도 한번 작성해 본다.	15	활동자료
	▪발표하기	활동자료의 작성이 끝나면 자신이 설계한 미래에 대한 계획과 그 계획을 달성하기 위한 목표를 발표해 보게 한다.	10	
마무리 부분	▪평가 및 정리	학생들의 발표에 대해 피드백을 해 주고 자신의 미래에 대한 계획과 목표를 완성할 수 있도록 과제를 부여한다.	2	

좋은 목표 나쁜 목표

좋은 목표란	나쁜 목표란

좋은 목표란

🦋 내 목표의 중요성에 대한 확신이 있어야 한다.

🦋 사회적 공동선에 부합하는 것이어야 한다.

🦋 나의 가치관에 부합되며 나의 재능을 살릴 수 있는 것이어야 한다.

🦋 그 목표를 이루기 위한 구체적인 정보를 가지고 있어야 한다.

🦋 나의 능력이 고려된 실천 가능한 것이어야 한다.

🦋 나의 흥미나 관심사를 반영하는 것이어야 한다.

나쁜 목표란

🦋 구체적이지 못하고 막연히 머릿속에만 그려지는 목표

🦋 선생님, 부모님, 사회적 기대치만을 따라 결정한 목표

🦋 내 능력과는 무관하게 실현 가능성을 배제한 목표

🦋 그 목표를 이루기 위해 어느 대학, 무슨 학과에 진학해야 하는지에 대한 정보도 없이 세워진 목표

🦋 내 적성, 가치, 흥미, 성격 등 나에 대한 탐색도 없이 쉽게 세워진 목표

🦋 자신만을 위한 이기적인 목표

좋은 목표란

🦋

🦋

🦋

🦋

나쁜 목표란

🦋

🦋

🦋

🦋

목표는 이렇게 세워요

SMART한 목표 세우기

Specific

막연하지 않고 구체적이고 명확한 목표를 세우자.

'이번 시험에 성적을 올리겠다.'보다는 '과학을 열심히 공부해서 만점을 받겠다.'와 같은 구체적인 목표를 설정하여 세운다.

Measurable

달성 정도를 측정할 수 있는 목표를 세우자.

'하루에 수학 문제집 3장 풀기'또는 '이틀에 책 1권을 읽고 독서 감상문 1장씩 쓰기'등 목표를 수와 양으로 측정할 수 있도록 하면 목표를 달성하기 쉬우며 또 달성 정도를 확인할 수 있어 좋다.

Achievable

생각이 아니라 행동을 중심으로 목표를 세우자.

'수업태도를 고치자.'라는 것은 좋은 결심이지만 행동이 쉽지 않다. '선생님께서 강조하시는 내용은 공책에 기록하기'또는 '중요한 부분 책에다 밑줄 치기'등 행동중심으로 목표를 정하자.

Realistic

실천 가능한 목표 설정으로 성취감을 맛보자.

30분도 책상에 앉아 공부하기 힘든 인내력으로 '3시간 수학 공부'라는 목표를 세우면 실현하기도 힘들며 쉽게 지칠 수 있다. 자신의 능력을 고려해 실현 가능하며 그로 인해 성취감을 맛볼 수 있도록 단계별 목표를 세우자.

Timely

시간을 적절히 배정하고 목표는 즉시 시행하자.

'영어단어 100개 외우기'라는 목표는 막연하다. 하루에 100개를 다 외울 것인지 일주일에 100개인지, 한 달인지 시간을 알 수 없다. 적절한 시간을 배정하고 바로 실천으로 들어갈 수 있도록 하자. 항상 목표를 세울 때 그 목표를 언제까지 달성할 것인지에 대한 시간을 염두에 두고 미루지 말고 바로바로 시행하는 습관이 중요하다.

 # 내 미래 설계해 보기

학교		학년		이름	

일 년 후

나의 모습	
목표 세우기	

5년 뒤

나의 모습	
목표 세우기	
미래 일기	.......년 ....월 ....일 ....

10년 뒤

나의 모습	
목표 세우기	

30년 뒤

나의 모습	
목표 세우기	
미래 일기	.......년 ....월 ....일 ....

22차시	진로 로드맵 꾸미기			
학습 목표	▪진로 로드맵 작성을 통해 자신의 진로탐색을 정리해 본다.		영역	진로
지도 과정	지도 요소	지도내용	시간 (분)	자료 및 참고사항
시작 부분	▪동기유발	다른 사람의 로드맵을 보여주며 관심을 가지 도록 한다.	3	
중간 부분	▪발표하기	지금까지 프로그램을 실시하며 나름대로 체계 화된 학생들의 진로탐색을 발표를 통해 언어 화해 봄으로써 좀 더 구체적인 틀을 잡도록 도와준다.	5	보기자료 활동자료
	▪설명하기	로드맵에 대해 설명해 주고 보기자료를 통해 학생들이 자신들의 로드맵을 작성하는 데 도 움이 되도록 시간을 준다.	5	
	▪활동하기	활동자료 "나의 진로 로드맵"을 나누어 주고 보기자료의 로드맵을 참고로 자신만의 진로 로드맵을 작성하며 '도전역'에서 출발하여 '희 망역', '가능성역'을 거쳐 '행복역'에 도착하는 동안 자신들이 해야 할 일을 계획해 보도록 한다.	20	
		지난 시간 "내 미래 설계해보기"에서 작성해 보았던 계획 및 목표들과 연계성을 가지고 작 성될 수 있도록 지도한다.	5	
	▪발표하기	작성이 끝나면 몇몇 학생들의 발표를 통해 다 른 사람들의 로드맵도 경청하여 들어보도록 한다.	10	
마무리 부분	▪평가 및 정리	자신이 작성한 로드맵을 지속적으로 참고하여 진로계획과 실천에 활용하도록 격려한다.	2	

 진로 로드맵(예시)

대안학교설립

행복역

행복한 삶!

대안학교 운영에
대한 계획수립

교사모집

학교부지 매입

부지 매입을
위한 재테크

희망역

대학교

논문 및
서적 출판

운동으로
체력 강화

유학

박사졸업

가능성역

임용고시합격

전공, 교육학
공부

인경 듣기

스터디 결성

대학졸업

도전역

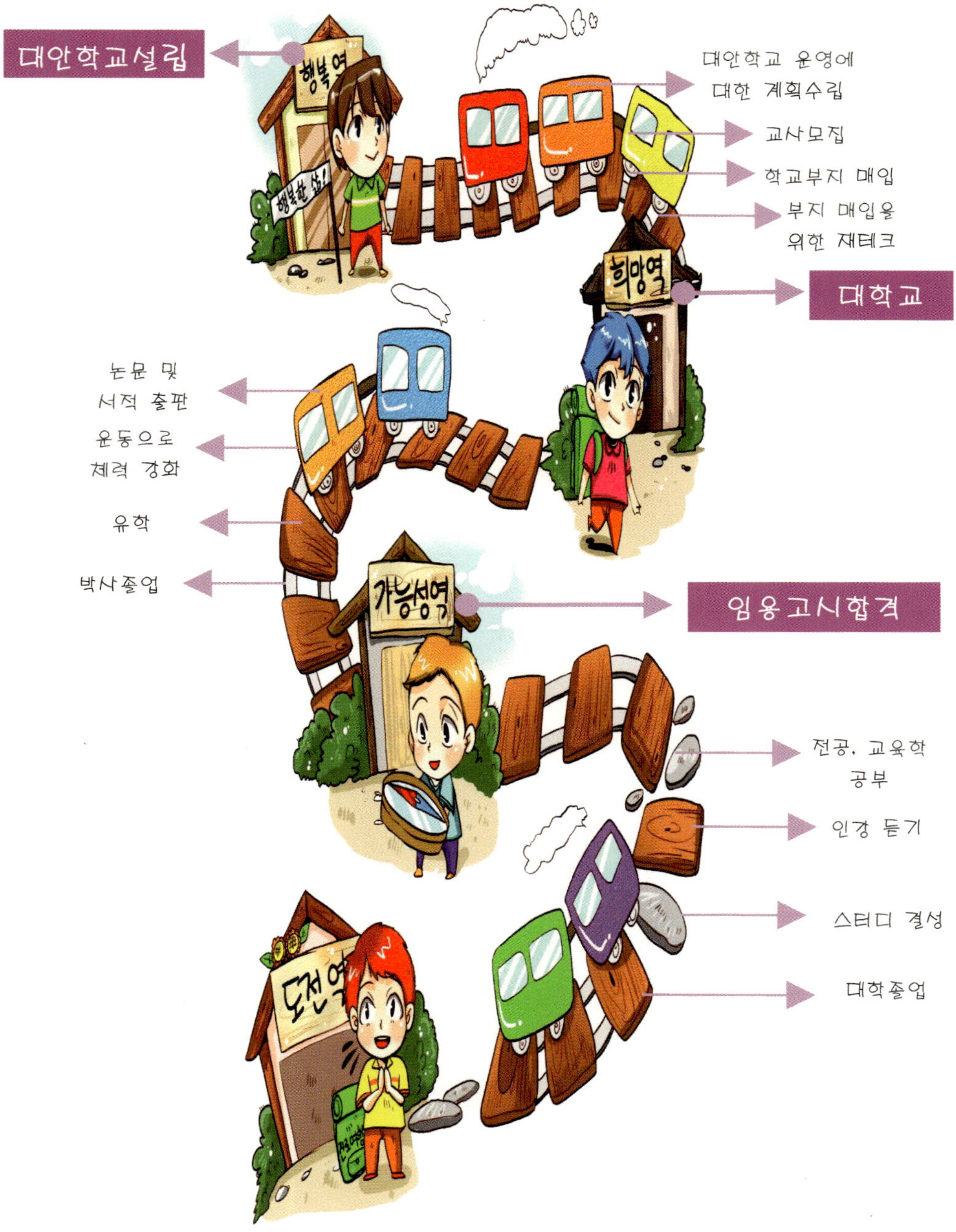

 # 나의 진로 로드맵

23차시	희망 이력서, 명함 만들어 보기		
학습 목표	▪ 미래의 이력서를 적어 본다. ▪ 미래의 나의 명함을 만들어 본다.	영역	진로
지도 과정	지도 요소	지도내용	시간 (분)	자료 및 참고사항

지도 과정	지도 요소	지도내용	시간 (분)	자료 및 참고사항
시작 부분	▪동기유발	자기만의 개성 있는 이력서, 명함 만들기로 흥미를 이끌어 낸다.		
중간 부분	▪조 편성	미리 조를 편성하여 자리를 배치하여 소그룹의 형태로 앉는다. 지금까지 찾은 자신의 미래의 직업을 잘 생각하게 한다.		쉬는 시간을 이용해 조를 편성한다.
	▪활동하기	활동자료 "이력서 꾸며보기"와 "명함 꾸며보기"를 나누어 주고 미래의 자신이 원하는 직업에 응시한다고 가정하고 미래의 이력서를 작성해 보게 한다. (학력사항, 교육 이수, 경력사항 등은 자신의 현실성을 고려한 희망사항임을 알려준다.) 미래의 이력서를 다 만들고 나면 다음은 자신이 되고자 하는 직업을 가졌다고 생각하고 자신만의 명함을 사람들에게 자신을 가장 잘 설명하고 각인시킬 수 있는 자기만의 개성 있는 디자인으로 만들어 본다.		활동자료
	▪소개하기	명함까지 다 만들어지고 나면 조원들에게 자신의 명함을 돌리며 자신이 잘 드러날 수 있도록 소개한다.		
	▪피드백 주기	소개가 끝나고 나면 자신의 직업과 명함에 대한 친구들의 피드백과 교사의 피드백을 받으며 마지막 자신의 꿈에 대한 열정을 키운다.		
마무리	▪평가 및 정리	수정할 것이 있으면 이력서와 명함을 수정하여 보도록 한다.		

희망 이력서 꾸며보기

사진	성 명	한글		주민번호	
		영문		전화번호	
	이메일			폰번호	
	주소				

학력사항	기 간	출신학교	전공	졸업구분	학점

교육이수	교육기관	기 간	교육 과정명

경력사항	회사명	기간	직급	담당업무

자격증					

명함 꾸며보기

학습 목표	게임을 통해 경쟁보다 협동의 중요성을 안다.		영역	진로
지도 과정	지도 요소	지도내용	시간 (분)	자료 및 참고사항
시작 부분	▪동기유발	지금까지 해 나온 수업의 마지막임을 상기시켜 준다.	5	
중간 부분	▪게임설명	지금까지 해 왔던 자기탐색 마지막 시간이 알차고 보람되도록 학생들을 격려한다. 앉아 있는 짝꿍들과 둘이서 할 수 있는 게임을 하나 설명하고 활동한다.	5	보기자료
	▪게임하기	활동자료를 받고 자료에 나와 있는 게임에 대한 설명이나 규칙을 잘 읽어 보게 한다. 다른 질문에 일체 답하지 않고 그냥 자료에 나와 있는 설명대로 실시하도록 안내한다.	5	
		다 끝나고 나면 짝꿍 중에서 이긴 사람을 손들게 하고 점수를 확인한다.	5	
	▪발표하기	서로의 진로를 방해하며 게임을 한 사람들은 왜 그렇게 했는지 질문하고, 각자 진로를 방해하지 않고 높은 점수를 낸 사람들은 또 왜 그렇게 했는지 역시 질문한다.	10	
	▪피드백 주기	서로를 경쟁하며 상대방의 진로를 방해했던 사람들은 전체 점수에서 상대적으로 낮은 점수를 받았음을 확인시켜 주고 내가 남을 이기려는 마음을 버리고 상대의 갈 길을 인정하며 내 갈 길을 묵묵히 가거나 서로 협동하며 게임을 한 팀이 전체에서 높은 점수를 낸 것을 확인해 협동이 상생의 길임을 인식시킨다.	15	
마무리	▪평가 및 정리	지금까지 정리해 온 진로탐색에 대한 자신의 포토폴리오를 잘 보관하며 서로에게 도움이 되는 진로탐색을 지속적으로 해 나가도록 격려한다.	5	

게임 활동을 통한 마무리

1. 두 사람이 짝이 되어 각자 자신만의 기호를 선택한다. (예, O, X, ♡, ◇)
2. 서로 번갈아 가면서 빈칸을 채워 갑니다.
3. 가로, 세로, 대각선으로 같은 기호가 연속되었을 때에만 점수가 주어집니다.

가로, 세로, 대각선으로

4개 연속 ― 1점
5개 연속 ― 2점
6개 연속 ― 3점
7개 연속 ― 4점
8개 연속 ― 5점

4. 제한시간은 1분이며 두 사람 중 점수를 많이 얻은 사람이 승자가 됩니다. 전체에서 가장
   높은 점수를 얻은 사람은 최우승자가 됩니다.

친구관계를 좋게 하는 7가지 방법

격려하기 —친구가 힘들 때 나의 격려가 필요해요.	
지지하기 —친구가 고민할 때 나의 지지가 필요해요.	
신뢰하기 —친구끼리의 신뢰는 우정의 기본이지요.	
경청하기 —친구의 말을 조용히 들어줘요.	
불일치타협하기 —서로 맞지 않는 부분을 조금씩 맞춰가요.	
수용하기 —친구를 마음으로 받아들여요.	
존중하기 —친구의 말과 행동을 존중해요.	

친구관계를 해치는 7가지 방법

회유·매수하기 ㅡ물건으로 친구를 회유하지 말아요.	
비난하기 ㅡ나의 비난이 친구에게 상처가 돼요.	
비판하기 ㅡ비판을 위한 비판은 관계를 해쳐요.	
잔소리하기 ㅡ지나친 잔소리 정말 싫어요.	
협박하기 ㅡ힘으로 친구를 협박하지 말아요.	
불평하기 ㅡ친구 사이에 불평, 불만은 도움이 되지 않아요.	
벌하기 ㅡ친구 사이에 벌하기는 부당해요.	

프로그램을 마치며

즐거운 진로탐색 여행이 끝났습니다. 여러분만의 진로 포토폴리오가 만들어진 것을 보며 진로탐색의 긴 여행길에 힘들고 피곤함보다 더 큰 보람이 느껴질 것이라 생각됩니다.

이제 모든 것을 실행으로 옮기며 멋진 여러분들의 삶에 주인공으로서 우뚝 설 수 있는 날을 기대하며 프로그램의 후기를 작성해 보시기 바랍니다.

프로그램에서 좋았던 점

프로그램에서 아쉬웠던 점

변화된 나의 모습

나의 다짐 및 각오

쉬어 가는 코너

심심할 때, 또는 나의 진로탐색에 대한 갈증이 계속될 때 여기
부록에 나와 있는 내용들을 읽어 보며 나를 위해 더 탐색되어야
할 부분에는 어떤 것들이 있는지 확인해 보고 도움이 되는
사이트에 자주 드나들며 고민해 보도록 합시다.

자주 드나들어요

진로탐색을 위한 사이트	
한국교육개발원	www.kedi.re.kr
한국직업정보시스템	http://know.work.go.kr
인커리어 주식회사	http://www.incareer.com
한국행동과학연구소	www.kirds.re.kr
교육인적자원부	http://www.work.go.kr
경기도교육정보연구원	http://www.kerinet.re.kr
서울특별시 교육과학연구원	http://www.sesri
워크넷	http://www.work.go.kr
에듀넷	http://www.edunet4u.net
한국교육과정평가원	http://www.kice.re.kr
한국전문대학교육협의회	http://www.kcce.or.kr
한국대학교육협의회	http://www.kcue.or.kr
가상대학박람회	http://www.unicoop.co.kr
한국심리연구소	www.kpti.com
서울시립 소년직업센터	www.haja.or.kr
최신직업정보	www.how2job.co.kr
중앙적성연구소	www.cyber-test.co.k
한국가이던스	www.guidance.co.k
파워잡	http://www.powerjob.co.kr
아르바이트천국	http://www.arbi.co.kr
미디어잡	http://www.mediajob.co.kr
리쿠르트	http://www2.recruit.co.kr

6T 국가 전략 분야(IT, BT, NT, ST, ET, CT)

국가과학기술위원회에서 발표한 21세기 성장 원동력이
될 미래의 유망 신기술 6대 분야

정보기술(IT)
Information Technology

정보를 생성, 도출, 가공, 전송
저장하는 모든 유통 과정에서
필요한 기술을 말한다.
정보기술은 정보화 사회에
필수적인 기술일 뿐 아니라
기술의 가치 및 사회, 경제적
파급효과가 매우 커서
산업적으로 중요한 분야이다.

생명공학기술(BT)
Bio Technology

생명현상을 일으키는 생체나
생체 유래 물질 또는 생물학적
시스템을 이용하여 산업적으로
유용한 제품을 제조하거나
공정을 개선하기 위한 기술이다.
생명공학기술은 무병장수와
식량문제의 해결 등 삶의 질
향상에 필수적인 기술로
고부가가치의 신산업을 창출할
가능성이 높은 분야이다.

나노기술(NT)
Nano Technology

물질을 원자, 분자 크기의
수준에서 조작, 분석하고 이를
제어할 수 있는 과학과 기술을
의미한다. 나노기술은
과학기술의 새로운 영역을
창출하거나 기존 제품의
고성능화에 필요한 기술로
정보기술과 생명공학기술과
함께 신산업혁명을 주도할
핵심기술로 인정받고 있다.

항공기술(ST)
Space Technology

인공위성, 로켓, 항공기
등의 개발과 관련된
복합기술이다. 전자, 반도체,
컴퓨터 소재 등 관련
첨단기술을 요소로 하는
시스템기술로 기술개발
결과가 다른 분야에 끼치는
파급효과가 매우 큰
종합기술로 인정받고 있다.
항공우주기술은 첨단기술을
주도해 나갈 미래 유망
핵심기술 분야이다.

환경기술(ET)
Environment Technology

환경오염을 예방, 복원하는
기술로 환경기술, 청정기술,
에너지 및 해양환경기술을
포함한다. 인류의 쾌적한
삶에 대한 욕구가 증대함에
따라 환경기술에 대한
투자의 확대와 함께 제도,
정책적인 지원, 연구, 개발
기반 확충이 시급한
분야이다.

문화기술(CT)
Culture Technology

디지털 미디어에 기반한
첨단 문화 예술 산업을
발전시키기 위한 기술을
총칭하는 말이다.
문화기술은 첨단 문화 예술
산업을 발전시키는 데
필수적인 기술로 기술, 지식
집약적 산업 특성 때문에
우리 민족의 창의력을
극대화할 수 있는 기술로
전망되고 있다.

각 계열별 탐색

〈출처 2007년 미래의 직업세계 학과편 – 교육인적자원부〉

I. 인문계열

인문계열이란	인문계열은 모든 학문의 근본이 되는 인문학의 교육과 연구를 목표로 한다. 인문계열은 인간과 인간의 문화, 인간의 가치와 인간의 자기표현능력을 바르게 이해하기 위한 과학적인 연구방법에 관심을 갖고 있다.
인문계열의 구성	인문계열에는 언어, 문학과 인문과학이 있다. • 언어·문학: 인류의 언어를 과학적으로 연구하는 언어학과 언어를 표현의 수단으로 하는 예술활동과 문학, 작품을 연구하는 문학을 바탕으로 하는 영역이다. 이 영역에는 세계 여러 나라의 언어와 문학을 연구하는 분야가 포함된다. • 인문과학: 인간 및 인간의 사상 일반에 관한 과학적 연구가 포함되는 영역으로 인문과학에 포함되는 학문 영역은 나라마다 다르다. 우리나라의 경우에 언어와 문학을 제외한 인류문화 관련 학문, 심리학, 역사학, 종교학, 철학 등이 포함된다.

인문계열 관련 학과

4년제 대학

전문대학

언어문학

4년제 대학: 언어학, 국어·국문학, 일본어·문학, 중국어·문학, 기타 러시아어·문학, 스페인어·문학, 프랑스어·문학, 기타유럽어·문학, 교양어·문학, 문헌정보학, 문화·민속·미술사학, 심리학, 역사·고고학, 종교학, 국제지역학, 철학·윤리학, 교양인문학

전문대학: 일본어, 중국어, 영어, 유럽·기타어, 문예창작, 교양어

인문과학

문헌정보, 문화, 인류일반

뭘 배우나	인문계열에서는 세계 각국의 언어와 문학, 인류학, 심리학, 철학, 종교학 등을 배울 수 있다. 대학교에서는 언어와 문학에 관련된 내용들을 배우고, 전문대학에서는 실용적인 외국어를 배울 수 있다.
졸업 후 진로	인문학은 사회 어느 분야에서나 지식의 기반이 되기 때문에 인문계열의 관련 학과를 졸업하고 진출하는 분야는 매우 다양하다. 사무 관련 업무를 하거나 작가 및 관련 전문가로 활동할 수 있으며 외국어 문학을 전공하면서 교직과정을 이수하여 중등학교 교사로 진출할 수 있다.
뭘 준비하나	언어와 문학을 전공하려면 외국어를 배우는 데 흥미가 있고, 세계 각국의 문학작품에도 관심을 갖는 것이 좋다. 인문과학을 전공할 경우에는 사람과 사회에 대한 폭넓은 관심과 지적 호기심을 갖고 다양한 경험을 쌓는 것이 좋다. 열린 시각, 다양한 관심과 경험이 인간이해를 기본으로 하는 인문과학을 하는 데 도움이 된다.

2. 사회계열

사회계열이란	사회계열은 사회의 여러 모든 현상을 과학적이고 체계적으로 연구하는 경험과학에 바탕을 둔다. 따라서 인간생활의 다양한 측면과 관련된 기초학문, 즉 사회학, 정치학, 경제학, 법학, 행정학 등과 같은 학문을 교육하고 연구한다. 개인 혹은 국가의 지속적인 발전을 위해 사회변화를 분석하고 대안을 제시할 수 있는 기본적인 소양을 기르는 것을 목표로 한다.
사회계열의 구성	사회계열에는 경영·경제, 법률, 사회과학이 있다. • **경영·경제**: 일반 기업에서 통계적인 의사결정에 따르는 활동, 조직체의 구조와 원리를 연구하는 경영학과 인간의 경제활동에 기초를 둔 사회적 질서를 연구하는 경제학을 바탕으로 하는 영역이다. 또 경제활동에 영향을 미치는 관련 학문도 포함된다. • **법률**: 법의 현상을 연구의 대상으로 하는 법학을 바탕으로 하는 영역이다. 법학이라고 할 때 좁은 의미로는 법률학, 넓은 의미로는 법해석학을 말한다. 여기에 법에 관한 제반 학문이 포함된다. • **사회과학**: 인간과 사회의 여러 현상을 과학적으로 탐구하는 분야로 모든 경험과학에 바탕을 둔다. 경영·경제와 법률을 제외한 사회학, 정치학, 인간현상과 관련된 제반 학문이 포함된다.

뭘 배우나	사회계열에서는 각 전공 영역에 따라 배우는 내용이 다르다. 경영·경제에서는 마케팅, 인사관리, 재무관리, 경영정보, 경제사, 미시·거시경제학, 계량경제학 등을 배운다. 법학 영역에서는 헌법, 행정법, 민법, 형법, 상법, 민사소송법, 형사소송법, 노동법, 국제법 등 실정법과 법철학, 법사회학, 법사학, 비교법학 등을 배운다. 사회과학에서는 다양한 사회현상을 배우고 사람들의 의견을 조사하고 과학적으로 분석하기 위해 설문조사기법, 통계분석방법 등의 조사방법론을 기본으로 배울 수 있다.
졸업 후 진로	졸업 후 진출 분야는 매우 다양하다. 은행, 증권회사와 같은 금융기관이나 일반 기업체로 진출하거나 언론계로 진출 가능하다. 법학을 전공하고 사법고시에 응시하여 법조인으로 진출할 수 있기도 하지만 법학과를 졸업하였다고 해서 모두 법조인이 되지는 않는다. 일반 기업체로 진출하거나 연구소, 사회여론조사기관 등으로 진출할 수 있다.
뭘 준비하나	인간과 사회를 과학적으로 탐구하는 분야이기에 합리적인 사고방식이 필요하며 이것을 논리적으로 표현할 수 있어야 한다. 합리적인 사고와 논리적인 표현력, 사회변화를 파악하고 대응할 수 있는 분석능력과 적응능력을 기르면 좋을 것이다. 사회과학을 전공할 경우 사회 제반 현상에 관한 이해나 조사를 위해 수학이나 통계에 소질이 필요하다.

3. 교육계열

교육계열이란	교육은 역사에서 축적된 모든 지식과 문화를 후세에 전달하는 일이며 인간의 무한한 가능성을 계발하여 새로운 지식과 문화를 창출하는 숭고한 일로 국가와 민족의 미래와 운명을 결정하는 중요한 활동이다. 교육계열은 교육 분야에 종사할 교사와 교육지도자를 양성하고 교육일반과 교과교육원리의 교수 및 연구에 종사할 학자의 배출을 목표로 한다.
교육계열의 구성	• **교육일반**: 교육활동과 그와 관련된 제반 현상등을 종합적이고 체계적으로 연구하는 학문인 교육학에 바탕을 두고 있으며 여기에는 교육철학, 교육사, 교육행정, 교육심리, 교육과정, 교육사회, 교육측정 및 평가, 교육정책, 평생교육, 교사교육, 교육연구 등이 포함된다. • **유아교육**: 유아를 대상으로 취학 전 교육이라고도 불리는데 종전에는 어린이가 입학하기 전 1~2년간 교육 프로그램에 참여하는 활동을 일컬어 유아교육이라고 하였으나 최근에는 유아교육에 대한 관심의 확정으로 영아교육 및 영·유아교육을 통틀어 유아교육이라고 칭하는 경향이 있다. • **특수교육**: 시청각장애, 지체부자유·정신박약 등으로 일반 학교나 학급에서는 교육의 효과를 기대할 수 없는 학생을 위해 특수학교 학급을 마련하고 장애의 특성에 맞는 교과 과정에 따라 교육을 실시하는 특수교육학을 중심으로 하고 있다. • **초등교육**: 교육제도의 체계상 가장 먼저 받는 교육인 초등교육 및 관련 현상을 연구대상으로 하는 초등교육학에 바탕을 둔다. 학교교육은 체계상 초등교육, 중등교육, 고등교육으로 구분되며 각기 그 교육목적이 다르다. 초등교육은 민주국가 국민으로서 누구나 받아야 할 기초교육이며, 인간의 성장계열에서 반드시 이수하여야 하는 의무교육의 성격을 띠게 된다. • **중등교육**: 초등교육과 고등교육의 중간단계로서 제2단계 교육이라고도 불리는데 중학교와 고등학교가 여기에 해당된다. 중등교육은 초등교육의 일반성, 보편성, 기초성 등의 특성과는 달리 진학을 위한 준비교육, 혹은 전문지식·기술의 습득 등을 목표로 하는 교육이라고 볼 수 있다.

뭘 배우나	교육계열에서는 교육일반의 이론과 교육활동의 원리를 내용으로 하는 교직이론 영역, 각 교과의 지식과 원리를 내용으로 하는 교과교육 영역, 그리고 각 교과의 내용과 구성에 관한 교과내용 영역 등의 내용을 배울 수 있다.
졸업 후 진로	졸업 후 초·중등학교의 교사로 진출할 수 있고, 교육 관련 기관이나 기업체, 각종 청소년상담실, 사회복지기관 등에 취업을 할 수 있다.
뭘 준비하나	교육 관련 종사자는 인간에 대한 이해와 관심, 애정, 교육문제를 해결해 나갈 수 있는 진취적이고 적극적인 태도를 갖추고 있어야 한다. 의사소통이 주가 되는 직종이므로 의사를 정확하게 표현하는 언어능력이 요구된다. 그리고 학생의 입장에서 인격체로 대하며 독립된 인격체로 성장할 수 있도록 도와주고자 하는 마음가짐과 자세가 요구된다.

4. 공학계열

공학계열이란	공학계열은 자연과학과는 달리 일상생활을 비롯해 산업에 활용되는 기술을 개발할 수 있는 지도적 인재 육성과 고급이공계 고급인력 양성을 목표로 한다. 공학계열은 자연 자체를 대상으로 하는 자연과학과 달리 기계, 장치 등의 인위적인 자연을 대상으로 하여 실제로 무엇인가를 생산하는 실천행동에 중점을 두고 있다.
공학계열의 구성	공학계열은 건축, 토목·도시, 교통·운송, 기계·금속, 전기·전자, 정밀·에너지, 소재·재료, 컴퓨터·통신, 산업, 화공, 기타로 나뉜다. **·건축**: 건축물의 설계, 건축, 유지 등을 위한 이론과 기술설계를 연구하는 건축학과 건축에 관한 구조, 재료, 계획, 공법, 역학, 환경문제 등을 연구하는 건축공학으로 구성된다. **·교통·운송**: 교통의 편리도모와 물자의 효율적인 수송을 위해 공학적인 입장에서 접근하는 분야로 도로공학, 철도공학, 항만공학, 공항공학 등과 도로철도공학으로 구성된다. **·기계·금속**: 기계 및 관련 장치 설비의 설계, 제작, 성능, 이용, 운전 등에 관하여 기초적, 응용적 분야를 연구하는 기계공학 및 관련 학문과 금속을 연구대상으로 하는 금속학과 실용성을 고려한 금속공학으로 구성된다. **·전기·전자**: 전기 및 자기에 관한 모든 현상을 탐구하는 전기공학과 진공 속이나 기체, 고체 내에서의 전자의 운동과 활용기술에 관한 전자공학으로 구성된다. **·정밀·에너지**: 정밀도가 높고 극히 작은 오차의 범위가 요구되는 현상 및 기기 등을 공학적으로 연구하는 정밀공학과 인간생활 영위에 필요한 에너지를 획득하는 것에 공학적 접근을 하는 에너지공학으로 구성된다. **·소재·재료**: 철강, 비철금속, 종이, 섬유, 석유 등 여러 산업 분야에서 사용되는 소원재료와 금속, 무기, 유기 원료 및 이들을 조합한 원료를 새로운 제조기술로 제고하여 신소재를 개발하는 재료공학과 신소재공학이 해당된다. **·컴퓨터·통신**: 컴퓨터 하드웨어, 소프트웨어, 프로그래밍, 멀티미디어 자료 및 응용체제의 개발 및 연구와 관련된 컴퓨터공학과 라디오, 전화 및 컴퓨터 네트워크 등과 같은 다양한 통신수단의 개발 및 연구를 하는 통신공학으로 구성된다. **·산업**: 산업공학은 한정된 재화, 즉 자본과 물자를 이용하여 최대의 이윤을 얻기 위해 발전된 분야로서 경영시스템에 공학적 지식을 더해 시스템의 합리적 운영을 연구한다. **·화공**: 화학공학은 정유 및 석유화학공업, 정밀화학공업, 산업화학공업을 비롯하여 환경, 에너지 등의 분야를 포함한다.

4년제 대학	공학 관련 학과	전문대학
건축·설비공학, 건축학, 조경학	건축	건축·설비,
토목공학, 도시공학	토목·도시	건설, 토목
지상교통공학, 항공학, 해양공학	교통·운송	지상교통, 항공, 해양
기계공학, 금속공학, 자동차공학	기계·금속	기계, 금속, 자동차
전기공학, 전자공학, 제어계공학	전기·전자	전기, 전자, 제어계측
광학공학, 에너지공학	정밀·에너지	광학, 에너지
반도체·세라믹공학, 섬유공학, 신소재공학, 재료공학	소재·재료	반도체·세라믹, 섬유, 신소재, 재료
전산학·컴퓨터공학, 응용소프트웨어공학, 정보·통신공학	컴퓨터·통신	전산·컴퓨터, 응용소프트웨어, 정보·통신
산업공학	산업	산업공학
화학공학	화공	화학공학
기전공학, 응용공학, 교양공학	기타	기전공학, 응용공학

뭘 배우나	공학계열에서는 공학의 기초이론과 각 분야별 이론과 관련된 과학적 지식을 배울 수 있다. 과학적 지식을 습득하는 데 있어 실용성을 위해 실험과 실습을 병행하여 배우게 된다. 물리학, 화학, 수학 등의 기초과학을 바탕으로 배우는 내용은 전공별로 매우 다양하다.
졸업 후 진로	공학계열의 경우 대학교를 졸업하고 대학원에 진학하여 기업체나 전공 관련 연구소의 연구원으로 진출하는 경우가 많다. 실무 중심의 전문대학 공학계열 학과를 졸업한 후 '산업기사' 자격증을 취득하여 실제 현장으로 진출할 수 있다.
뭘 준비하나	각종 산업 현장에 필요한 기술 개발을 중점으로 두는 응용과학 분야이기에 과학적인 탐구 자세뿐만 아니라 실용성을 고려하는 안목이 필요하다. 변화하는 시대에 맞는 새로운 기술 개발을 위해서는 창의력과 분석능력을 기르면 좋을 것이다.

5. 자연계열

자연계열이란	자연계열은 자연현상의 기본적인 원리를 탐구하고 새로운 자연법칙을 개발하는 기초과학인 자연과학에 바탕을 둔다. 우주와 물질의 기원부터 생명현상까지 다양한 물질세계의 원리를 과학적인 방법으로 연구한다. 국가경쟁력의 원천이 되는 신지식 창출을 위해 우수한 기초과학 연구 인력의 양성과 기초과학 발전의 중추적 기능 수행을 목표로 한다.
자연계열의 구성	자연계열은 농림·수산, 생물·화학, 생활과학, 수학·물리·천문·지리로 구성된다. •**농림·수산**: 농업활동에 관련된 농학, 산림 유지 및 임목 보육 및 경제활동에 관련된 임학, 수산자원을 이용 개발하는 수산학에 바탕을 둔다. •**생물·화학·환경**: 생물의 구조와 기능을 과학적으로 연구하는 생물학, 물질의 성질·조성·구조 및 변화를 연구대상으로 하는 화학, 자연과학의 기초이론을 토대로 환경문제를 연구하는 환경학으로 구성된다. •**생활과학**: 가정생활에서 이루어지는 인간의 활동을 분석하고 연구하는 가정학을 중심으로 한다. 위생학, 영양학을 비롯하여 에너지·시간·자재·금전 등을 관리하는 데 경영학적 접근을 취하는 학문 분야를 포함한다. •**수학·물리·천문·지리**: 수, 양에 관한 학문인 수학 및 통계학, 물질의 무기적인 운동형태를 연구하는 물리학, 우주 전체 및 우주 안에 여러 천체와 기후에 관한 천문학 및 기상학, 지구의 표면부근에서 지구 내부 전반에 관한 연구를 하는 지학 및 지리학이 포함된다.

자연계열 관련 학과

4년제 대학

농업학, 수산학, 산림·원예학

생명과학, 생물학,
동물·수의학, 자원학, 화학,
가정관리학, 환경·식품영양학,
의류·의상학, 교양생활과학

수학, 통계학,
물리·과학·천문·기상학,
지구·지리학, 교양자연과학

전문대학

농수산, 원예

생물, 자원, 환경

가정관리, 식품·조리,
의류·의상

지적

| 건축 |
| 토목·도시 |
| 교통·운송 |
| 기계·금속 |

뭘 배우나	학부제가 시행되면서 자연계열에서 자연과학에 관한 전반적인 분야를 모두 공부할 수 있다. 특정전공을 결정하기 전에 물리, 화학, 생물, 수학 등의 기초 자연계열 과목을 배우면서 각 전공 연구에 필요한 기초과목을 배우게 된다. 이론과목에 실험 및 실습시간을 병행하면서 이론을 검증하고 새로운 현상을 발견할 수 있다.
졸업 후 진로	자연계열의 대학교를 졸업한 후 대학원에 진학하여 연구원이 되는 경우가 많다. 일반 기업체, 전공 관련 기업체, 정부기관이나 연구소 등으로 진출할 수 있다. 전문대를 졸업한 경우는 산업기사 자격을 취득하여 관련 분야 기업체에 취직을 하게 된다.
뭘 준비하나	자연과학을 공부할 때 지나치기 쉬운 자연현상에 대해 새로운 것을 발견하려는 호기심과 창의력이 필요하다. 사소한 것에도 의문을 갖고 보이는 현상을 더 멀리 보려고 하는 자세, 특히 자연과학을 택하기 이전에 자신에게 어떠한 적성이 있는지, 어떤 분야에 관심이 있는지를 구체적이고 정확하게 파악하는 것이 도움이 될 것이다.

6. 의학계열

의학계열이란	의학계열은 인간 신체의 구조와 기능을 연구하며 질병의 예방과 치료를 연구하는 의학, 의약품에 관한 기초 및 응용과학을 다루는 약학이 포함된다. 병의 예방, 진단과 치료를 위한 단계별 이론과 응용능력을 습득하여 국민의료를 담당하며 향상시키는 인재 양성과 인류복지에 기여하는 것을 목표로 하는 계열이다.
의학계열의 구성	의학계열은 의료, 간호, 약학, 치료·보건으로 구성된다. • **의료**: 인체에 관한 연구와 질병의 예방 및 치료를 연구하는 영역이다. 서양의학인 의학인 의학, 동양의학인 한의학, 인간의 치아에 관한 치의학 등이 포함. • **간호**: 질병을 예방하고 건강을 유지·증진·회복하도록 돕는 전문적인 지식 및 기술을 연구하는 간호학이 중심이다. 성인간호학, 모자간호학, 정신간호학, 보건간호학, 간호행정 및 간호사회학 등이 포함된다. • **약학**: 사람 또는 동물의 질병을 예방·치료하는 데 사용되는 의약품에 관한 기초 및 응용과학을 다루는 학문인 약학이 중심이다. 신의약품 개발을 위한 질병 발생 및 생명현상의 기본적 원리와 의약품의 제조생산 관리 내용이 포함된다. • **치료·보건**: 인간집단의 신체적 건강문제를 다루는 학문인 보건학과 관련 학문을 바탕으로 한다. 환경위생, 개인위생교육, 질병의 조기진단 및 예방, 심신장애인의 사회적응을 도와주는 활동을 포함하는 재활학과 의료공학 등이 포함된다.

의학계열 관련 학과

4년제 대학		전문대학
의학, 치의학, 한의학	의료	
간호학	간호	간호
약학	약학	
보건학, 재활학, 의료공학	치료·보건	보건, 재활, 의료장비, 의무행정

뭘 배우나	의학 분야에서 전문대에 개설된 간호학과, 물리치료과, 치기공과도 3년제 교과 과정이 개설되어 있다. 이론적인 교과목과 함께 실제 환자를 대상으로 하는 임상실습 교과목을 배우게 된다. 각 전공에 따라 기초이론 교과목과 임상과목을 배우게 된다.
졸업 후 진로	졸업한 이후 관련 전공의 국가시험을 거쳐 면허를 취득하여 해당 분야로 진출한다. 의사, 치과의사, 한의사, 약사, 간호사, 물리치료사 등의 직업들을 갖게 되는데 모두 면허가 있어야 종사할 수 있다.
뭘 준비하나	의학계열에서는 사람을 직접 다루는 일을 하게 되기에 생명에 대한 존엄성을 가지며 위급상황에서도 냉정함을 잃지 않는 침착한 성격이 요구된다. 또한 몸과 마음이 불편한 사람을 대하는 일을 하게 되기에 다른 사람을 잘 배려하고 따뜻하게 할 수 있는 성품을 가진다면 더욱 좋을 것이다.

7. 예체능계열

예체능계열이란	예체능계열은 변화하는 시대에 맞게 첨단화, 전문화되어 가고 있는 예술환경이 변화에 대처할 수 있는 전문예술인과 신체활동을 통해 개인 건강유지 및 대중들이 쉽게 접할 수 있는 활동을 지도할 수 있는 체육인을 양성하는 데 목표가 있다. 예술이라는 창작과 표현수단을 통해 감동과 아름다움을 추구하는 음악, 미술, 체육, 연극, 영화 등의 영역이 포함된다.
예체능계열의 구성	예체능계열은 디자인, 응용미술, 무용·체육, 미술·조형, 연극·영화, 음악으로 구성 • **디자인** : 여러 조형 요소 가운데 의도적으로 선택한 것을 합리적으로 구성하여 유기적인 통일을 얻기 위한 창조활동을 디자인이라고 한다. 시각디자인, 제품디자인, 환경디자인이 포함된다. • **응용예술** : 실제적인 효용에 목적을 둔 예술 영역을 의미한다. 공예, 장식미술을 비롯하여 과학기술의 별도로 각종 매체를 활용한 사진, 영상, 애니메이션이 포함된다. • **무용·체육** : 시간과 공간 속에 존재하는 육체의 활동적인 운동인 무용, 건전한 신체와 온전한 운동능력을 기르는 것을 목적으로 하는 체육이 포함된다. • **미술·조형** : 일정한 세계성과 인간성을 미적, 조형적으로 표현하는 예술인 미술에 바탕을 두는데 각종 재료를 사용하여 공간에 형태를 만드는 조형예술과 시각예술이 포함된다. • **연극·영화** : 실제의 공연을 보여주는 공연예술 또는 무대예술과 영상에 바탕을 두고 보여주는 복제예술의 성격을 띠는 영상예술이 포함된다. • **음악** : 시간의 흐름에 따라 생성·전개되는 시간예술로 분류되며 이론적 음악, 작곡과 같은 창작적 음악, 연주와 같은 실천적 음악이 포함된다. 기능과 용도에 따라 구분되는 실용음악과 자유음악 그리고 표현매체에 따라 구분되는 성악, 기악이 포함된다.

예체능계열 관련 학과

4년제 대학		전문대학
디자인일반, 산업디자인, 시각디자인, 패션디자인, 기타디자인	디자인	산업디자인, 시각디자인, 패션디자인, 기타디자인
공예, 사진·만화, 영상·예술	응용미술	공예, 사진·만화, 영상·예술
무용, 체육	무용·체육	뷰티아트, 무용, 체육
순수미술, 응용미술, 조형	미술·조형	미술, 조형
연극·영화	연극·영화	연극·영화
음악학, 국악, 기악, 성악, 작곡, 기타 음악	음악	음악, 음향

뭘 배우나	예체능계열에서 이론과목과 실기과목을 병행해서 배우게 되는데 내용은 전공 영역에 따라 매우 다르다. 전공에 따라 시각디자인론, 일러스트레이션, 컴퓨터 그래픽스, 제품조형, 환경디자인, 공업디자인, 패션디자인, 실내디자인, 조명디자인, 디스플레이, 동양화과목, 서양화과목, 기초조소조각실기, 영상, 애니메이션, 미용학개론, 뷰티아트에 관한 과목, 피아노, 관현악, 타악, 성악, 화성법, 예술가곡, 작곡, 국악, 국악실기, 무용론, 무용연기법, 운동생리학, 스포츠생리학, 체육교육 등을 배울 수 있다.
졸업 후 진로	졸업 후 진출 분야는 전공 영역에 따라 다르다. 전문예술인, 체육인, 뷰티아트전문가, 의상전문가, 음악인, 미술인 등으로 자신의 전공을 살리는 방향으로 진출하게 된다.
뭘 준비하나	예체능계열은 다른 분야에 비해 실기능력이 중요해서 타고난 재능과 더불어 능력을 습득하기 위한 노력과 연습이 필요하다. 창의력이 기본적으로 필요한 영역이기에 자신의 관심 분야 이외에도 문화예술 방면에 관심을 갖고 창작활동을 하는 의지가 있으면 더욱 좋겠다.

적성유형에 따른 관련 직업표

〈출처 2007년 미래의 직업세계 직업편 - 교육인적자원부〉

직업군명	핵심능력	관련 직업
디자인 관련 직업	손재능, 공간·시각, 창의력	미술가, 만화가, 애니메이터, 제품디자이너 의상디자이너, 시각디자이너, 공예원 인테리어디자이너
사진 관련 직업	공간·시각, 창의력, 자기성찰	사진가, 촬영기사 및 방송장비기사
각종 작가 관련 직업	창의력, 언어	작가
음악 관련 직업	창의력, 음악	음악가, 대중가수
악기 관련 직업	손재능, 음악	악기수리원 및 조율원
무용 관련 직업	신체·운동, 공간·시각, 음악, 창의력	무용가
운동 및 보완 관련 직업	신체·운동, 자기성찰, 대인	운동경기감독 및 코치, 운동선수, 경호원, 경찰관 소방관, 직업군인
정비 관련 직업	신체·운동, 대인	항공기 및 선박 정비원, 자동차정비원
특수 운전 직업	신체·운동, 공간·시각, 수리논리	항해사(선장, 도선사), 항공기조종사, 항공관제사 건설기계운전원
대중교통 운전 직업	신체·운동, 공간·시각	철도 및 지하철기관사, 택시운전자, 버스운전자
조리 및 의복 제조 관련 직업	손재능, 대인	조리사, 제빵 및 제과원, 전통음식제조원, 식품공학기술자
제도 및 정밀 제조 관련 직업	손재능, 공간·시각	지적 및 측량기술자, 귀금속가공원 및 보석세공원 치과기공사, 컴퓨터제도사, 금형원
법조인	창의력, 언어, 수리·논리, 자기성찰, 대인	판사 및 검사, 변호사
기획 전문 직업	공간·시각, 창의력, 언어, 수리·논리, 대인	광고 및 홍보전문가, 행사기획가, 출판물기획전문가, 여행상품기획가, 학예사, 연출가
투자 및 분석 전문 직업	창의력, 언어, 수리·논리, 대인	경영컨설턴트, 펀드매니저(금융자산운용가) 증권중개인(증권 및 투자중개인) 보험계리사, 마케팅 및 여론조사전문가
회계 관련 직업	언어, 수리·논리	회계사, 감정평가사

직업군명	핵심능력	관련 직업
인문 및 사회과학 전문 직업	창의력, 언어, 수리·논리	인문과학연구원, 사회과학연구원
언어 및 수리능력 요구 직업	언어, (수리·논리)	번역가, 통역사, 기자, 변리사, 세무사, 세무사, 관세사 아나운서 및 리포터(쇼핑호스트 포함), 임상병리사 손해사정사
대인 전문직 및 서비스 직업	언어, 대인, 자기성찰	호텔지배인, 비서, 초등학교교사, 유치원교사, 보육교사, 간호사, 물리치료사 및 작업치료사, 임상심리사, 치과위생사, 사회복지사, 상담전문가, 사회단체활동가, 성직자, 여행안내원, 항공기계실, 승무원, 상품판매원 및 상품대여원, 홍보판촉원 및 홍보도우미, 피부미용사 및 체형관리사, 결혼상담원(웨딩플래너 포함), 사서
전문 서비스 직업	언어, 대인	일반(행정)공무원, 노무사, 물류관리사, 법무사, 영양사, 의무기록사, 응급구조사, 안경사, 방사선사, 연기자(모델 포함), 연예인매니저, 전통예능인, 영업원, 상품중개인(경매인 포함), 부동산중개인, 텔레마케터, 바텐더(조주사)
교직	언어, 자기성찰, (수리·논리)	중등교사, 특수학교교사, 대학교수
의료 관련 직업	손재능, 언어, 수리·논리, 대인	의사, 한의사, 치과의사, 약사
기술 및 이학 전문 직업	수리·논리, 공간·시각, 창의력	기계공학기술자, 전자공학기술자, 전기공학기술자, 통신공학기술자, 재료공학기술자, 화학공학기술자, 섬유공학기술자, 산업공학기술자, 자연과학연구원, 컴퓨터시스템설계분석가, 데이터베이스관리자, 네트워크시스템분석가 및 개발자, 웹개발자, 응용소프트웨어개발자, 시스템소프트웨어개발자, 시스템운영관리자, 컴퓨터보안전문가, IT컨설턴트, 전자상거래전문가, 가전제품수리원, 방송 및 통신설비설치 및 수리원, 컴퓨터게임개발자
환경·생명 관련 연구 및 기술 직업	창의력, 수리·논리, 자연친화	도시계획가, 환경공학기술자, 조경사, 생명과학연구원
건축 및 설비 관련 기술 직업	공간·시각, 대인	건축공학기술자, 토목공학기술자, 용접원, 문화재보존원(전통건축원도 함께 언급), 건물설비관리원(보일러 설치 및 수리원, 냉난방관련설비조작원 등 포함), 산업안전 및 위험관리원, 공작기계조작원
농·임·축·어업 관련 직업	수리·논리, 자연친화 신체·운동	농업인, 임업인, 축산인, 어업인

일자리 증가가 예상되는 직업들의 학력 분포

대학원졸	대학졸	전문대졸	고졸	교졸 이하

임상심리사
(심리치료사)

금융자산운용가
기업고위임원
방송연출가(프로듀스)
변호사
세무사, 수의사
영화감독
통신공학기술자
통신망설계운영기술자
(엔지니어), 통역가
회계사

의료장비기사

기계공학기술자, 무용가, 번역가
산업공학기술자(엔지니어), 치과의사
상담전문가, 의사, 자동차공학기술자,
작가, 전자공학기술자, 한의사, 화가
정보보호전문가, 특수학교교사,
환경공학기술자

사회복지사, 시스템엔지니어, 작업치료사

간호사, 구매인(바이어), 치과위생사
물리치료사, 촬영기사
시스템운영관리자, 컴퓨터공학기술자

연기자, 피부관리사

가수, 경찰관, 경호원, 귀금속 및 보석세공원, 보육교사
만화가 및 애니메이터, 부동산 중개인, 선장 및 항해사
소방관, 음향 및 녹음기사, 일반 공무원, 조명기사
측량사, GIS전문가

공작기계조작원, 상점판매원

연주가, 작곡가

152

교재 엮은 이: 전문상담교사 김경미
그림 그린 이: 충북애니메이션 고등학교 이민지, 송수정

〈참고하여 쓴 책〉
동문사 — 진로교육과 진로상담, 김충기 저

KPTI 한국심리검사연구소 — 스트롱 진로상담전문교육 초급자료
                       — MBTI 성장프로그램
                       — 스트롱 진로탐색 활용가이드
                       — 스트롱 workbook

성격유형과 진로탐색 — Charles Martin 지음/심혜숙 외 옮김

한국심리상담연구소 RT 초급 기초교육자료집

대구광역시교육과학연구원—재량활동시간을 위한 진로 프로그램(중학교)
                             재량활동시간을 위한 진로 프로그램(고등학교)

한언 — MY Life, 강헌구 지음

2007년 미래의 직업세계 학과편 — 교육인적자원부
2007년 미래의 직업세계 직업편 — 교육인적자원부

노동부 홈페이지 주소 http://kids.molab.go.kr/

· 저자 ·

김경미   •약 력•
        2002년 경상대학교 교육학 석사
        2006년 세종대학교 전문상담교사 1급 과정
        현재 충북대학교 교육심리 및 상담 박사과정

        2002년~2005년 중·고등학교 윤리교사
        2006년 논산교육청 전문상담교사
        현재 아산교육청 전문상담교사

        •주요논저•
        『더불어 행복한 학교』

상담이론으로
지도하는 진로교육

• 초판 인쇄	2008년 7월 10일
• 초판 발행	2008년 7월 10일
• 지 은 이	김경미
• 펴 낸 이	채종준
• 펴 낸 곳	한국학술정보㈜
	경기도 파주시 교하읍 문발리 513-5
	파주출판문화정보산업단지
	전화 031) 908-3181(대표)·팩스 031) 908-3189
	홈페이지 http://www.kstudy.com
	e-mail(출판사업부) publish@kstudy.com
• 등 록	제일산-115호(2000. 6. 19)
• 가 격	25,000원

ISBN   978-89-534-9665-1 93180 (Paper Book)
        978-89-534-9666-8 98180 (e-Book)